穿越百年中国梦

吕章申题

国家出版基金项目
NATIONAL PUBLICATION FOUNDATION

顾　问：吕章申
主　编：陈履生
副主编：白云涛

穿越百年中国梦

辛亥举义

写给孩子的"四史"学习教育读本

李　良◎著

SPM
南方传媒　｜　新世纪出版社
·广州·

图书在版编目（CIP）数据

辛亥举义 / 陈履生主编；李良著 . — 广州：新世纪出版社，
2017.12（2025.5 重印）
（穿越百年中国梦丛书）
ISBN 978-7-5583-0995-3

Ⅰ . ①辛…　Ⅱ . ①陈… ②李…　Ⅲ . ①辛亥革命—少年读物
Ⅳ . ① K257.09

中国版本图书馆 CIP 数据核字（2017）第 296894 号

出版人：陈志强　　　　　　　　　　策　　划：宁　伟
责任编辑：宁　伟　　　　　　　　　特约编辑：耿　谦
责任技编：王　维　　　　　　　　　责任校对：陈　雪
排版设计：大有图文

辛亥举义 XIN HAI JU YI
陈履生 / 主编　　李　良 / 著

出版发行： **SPM** 南方传媒 新世纪出版社 （广州市大沙头四马路 10 号）
经　　销：全国新华书店
印　　刷：三河市嵩川印刷有限公司
规　　格：880mm×1230mm　1/32
印　　张：3.75
字　　数：54 千字
版　　次：2017 年 12 月第 1 版
印　　次：2025 年 5 月第 6 次印刷
定　　价：39.00 元

如发现印装质量问题，影响阅读，请联系调换：
北京广版新世纪文化传媒有限公司
销售热线：010-65545429
[书中图片由中国国家博物馆提供]

VR融媒"四史"云课堂
"四史"学习就在我身边

目　录
contents

"穿越百年中国梦"总序

  2012年11月29日，党的十八大闭幕刚刚半个月，习近平总书记率新一届中央政治局常委，来到中国国家博物馆参观《复兴之路》基本陈列。

  那天上午，习近平总书记一行轻车简从，9时许来到国家博物馆，进入《复兴之路》展厅参观。一件件实物，一幅幅照片，一张张图表，一段段视频，把大家带回到近代以来跌宕起伏、波澜壮阔的难忘岁月。在19世纪末列强割占领土、设立租借地、划分势力范围示意图前，在鸦片战争期间虎门抗英的大炮前，在反映辛亥革命的文物和照片前，在《共产党宣言》第一个中文全译本前，在中华人民共和国第一面五星红旗前，在党的十一届三中全会照片前，习近平总书记不时停下脚步，认真观看，详细询问相关历史背景和文物情况。

  在参观过程中，习近平总书记发表了重要讲话。他说，《复兴之路》这个展览，回顾了中华民族的昨天，展示了中华民族的今天，宣示了中华民族的明天，给人以深刻教育和启

中国国家博物馆前馆长　　吕章申

示。中华民族的昨天，可以说是"雄关漫道真如铁"。近代以后，中华民族遭受的苦难之重、付出的牺牲之大，在世界历史上都是罕见的。但是，中国人民从不屈服，不断奋起抗争，终于掌握了自己的命运，开始了建设自己国家的伟大进程，充分展示了以爱国主义为核心的伟大民族精神。中华民族的今天，正可谓"人间正道是沧桑"。改革开放以来，我们总结历史经验，不断艰辛探索，终于找到了实现中华民族伟大复兴的正确道路，取得了举世瞩目的成果。这条道路就是中国特色社会主义。中华民族的明天，可以说是"长风破浪会有时"。经过鸦片战争以来170多年的持续奋斗，中华民族伟大复兴展现出光明的前景。现在，我们比历史上任何时期都更接近中华民族伟大复兴的目标，比历史上任何时期都更有信心、有能力实现这个目标。讲到这里，总书记环顾大家，深情阐述"中国梦"。他说："现在，大家都在讨论中国梦，我以为，实现中华民族伟大复兴，就是中华民族近代以来最伟大的梦想。这个梦想，

凝聚了几代中国人的夙愿，体现了中华民族和中国人民的整体利益，是每一个中华儿女的共同期盼。""实现中华民族伟大复兴是一项光荣而艰巨的事业，需要一代又一代中国人共同为之努力。"总书记最后强调："我坚信，到中国共产党成立100年时全面建成小康社会的目标一定能实现，到新中国成立100年时建成富强民主文明和谐的社会主义现代化国家的目标一定能实现，中华民族伟大复兴的梦想一定能实现。"

我有幸全程陪同习近平总书记参观，为总书记一行讲解展览，并现场聆听习近平总书记关于"中国梦"的重要讲话，感受颇深，终生难忘。习近平总书记提出实现中华民族伟大复兴的"中国梦"，是时代的最强音，凝聚了全球中华儿女的心，成为激励中华儿女团结奋进、实现中华民族伟大复兴的一面精神旗帜。

《复兴之路》基本陈列回顾了1840年鸦片战争以来100多年间，陷入半殖民地半封建社会深渊的中国各阶层人民，在屈辱和苦难中奋起抗争，为实现民族复兴进行的种种探索，特别是中国共产党领导各族人民争取民族独立、人民解放、国家富强、人民幸福的光辉历程。习近平总书记参观《复兴之路》并提出实现中华民族伟大复兴的中国梦命题后，中央国家机关、部队、企事业单位、社区街道、社会团体、学校等纷纷来到中国国家博物馆，沿着习近平总书记的足迹，参观《复兴之路》展览。《复兴之路》展览成为爱国主义教育的重要课堂。

2014 年，习近平总书记在有关讲话和批示中指出："历史是最好的教科书"，"让文物说话、把历史智慧告诉人们，激发我们的民族自豪感和自信心，坚定全体人民振兴中华、实现中国梦的信心和决心"。中国国家博物馆和广东新世纪出版社有限公司落实习近平总书记的指示，以《复兴之路》基本陈列为基础，经过 3 年多艰苦工作，编写和出版了这套"穿越百年中国梦"丛书。组织和参与编写这套丛书的同志，大多数参加了《复兴之路》展览的内容设计和布展工作，有的还现场聆听了习近平总书记关于"中国梦"的重要讲话。他们对《复兴之路》基本陈列不但理解深刻，而且怀有深厚感情。

　　习近平总书记指出："中国梦归根到底是人民的梦"，"有梦想，有机会，有奋斗，一切美好的东西都能够创造出来"。习近平总书记希望广大青少年要勇敢肩负起时代赋予的重任，志存高远，脚踏实地，努力在实现中华民族伟大复兴的中国梦的生动实践中放飞青春梦想。

　　我相信，这套丛书的重印出版，对广大青少年牢记习近平总书记"不忘初心"的嘱托，更好地开展党史学习教育，增强实现中华民族伟大复兴中国梦的责任感，一定会起到促进作用。

吕章申

前　言

中华民族是一个有着自己梦想，特别是美好社会理想的民族。

两千多年前，我们的古圣先贤，就有"小康"和"大同"的社会理想。那时的"小康"理想，就是家家丰衣足食，人人遵守礼仪，互相谦让。那时的"大同"理想，就是天下人如同一家人，家家幸福，人人愉快，"路不拾遗，夜不闭户"。由于历代封建统治者都不代表广大人民群众的利益，古圣先贤"小康"和"大同"的社会理想都没有实现。

勤劳智慧的中国人民，创造了光辉灿烂的古代文明：强盛的汉代，繁荣的唐代，辽阔的元代，清初的盛世。那时，与世界上其他大多数国家和地区相比，中国富饶、强盛、文明、进步。用现代语言表述，那时的中国是"发达国家"，其他那些国家和地区则是"发展中国家"。然而，由于帝国主义入侵和封建主义统治腐败，中国落后了。从1840年鸦片战争中国战败到19世纪末，中国逐渐沦为半殖民地半封建社会，陷入将要亡国灭种的深渊。

从1840年鸦片战争开始，当时一些思想先进的中国人就在寻求救国救民之道。林则徐、魏源开眼看世界，地主阶级的洋务运动，资产阶级维新派的戊戌变法，都试图在不根本触动封建统治的前提下富国强兵，但是都失败了。1894年孙中山创立革命团体兴中会，首次提出"振兴中华"口号。1902年康有为完成《大同书》的写作，期望中国实现古圣先贤所憧憬的大同世界。1902年梁启超发表《新中国未来记》，1904年蔡元培发表《新年梦》，都憧憬中华复兴，雄立世界。近代以来，每一个中国人都满怀着复兴中国、振兴中华的梦想。但在半殖民地半封建社会的旧中国，中国人民的这一梦想不但没有实现，反而遭受着越来越严重的民族苦难。

1921年，伟大的中国共产党成立，超越古圣先贤"小康"和"大同"的社会理想，提出了夺取反帝反封建胜利、建立人民当家做主的政权、最终实现人类最美好最理想的共产主义社会的奋斗目标。中国共产党肩负起民族独立、人民解放的历史重任，领导中国人民，经过浴血奋战，于1949年建立了人民当家做主的中华人民共和国。新中国成立，是中华民族由衰落走向强盛的历史转折点，开启了中华民族伟大复兴的新纪元。

中华人民共和国成立后，毛泽东、周恩来等老一辈革命家，领导全国各族人民为实现国家富强、人民共同富裕的新的历史任务而奋斗。在党的领导下，中国确立了社会主义基本制度，成功实现中国历史上最伟大最深刻的社会变革，为中华民族的伟大复兴奠定了制度基础。与此同时，中国共产党领导全国人民进行大规模经济建设和文化建设，取得了旧中国几百年几千年所没有取得的成就，为实现中华民族伟大复兴奠定了基本的物质基础。

1978年改革开放以来，以邓小平、江泽民、胡锦涛同志为主要代表的中国共产党人，全面推进社会主义现代化建设。神州大地，生机勃发。2010 年，中国国内生产总值（GDP）达 40 万亿元，成为仅次于美国的世界第二大经济体，并一直保持至今。伴随着各方面的迅猛发展，中国迅速走向繁荣，国际地位不断提高，国际影响力日益扩大。中国步入世界强国之列，为实现中华民族伟大复兴创造了现实条件。

2012 年 11 月 29 日，习近平总书记率新一届中央政治局常委参观中国国家博物馆《复兴之路》基本陈列。习近平总书记在这里向全世界宣示"中国梦"，重申"两个一百年奋斗目标"，既是中国共产党对全国人民的郑重承诺，是党和国家面向未来的政治宣言，也是中华民族伟大复兴的总动员。中国的伟大发展，又一次站在新的历史起点上；中华民族的伟大复兴，揭开了历史新篇章。

以习近平同志为核心的党中央，"不负重托，不辱使命"，在实现中华民族伟大复兴中国梦的推动下，国民经济继续稳步发展，中国的国际地位更加提高，国际影响力更加扩大。我们现在比历史上的任何时期都更加接近中华民族伟大复兴这个目标，我们现在比历史上任何时期都有信心、有能力实现这个目标。

中国梦连接着过去与现在、历史与未来，连接着国家与个人、中国与世界。拥有五千多年文明历史的中华民族，曾经创造了辉煌的古代文明，走在世界前列，为人类社会发展做出了巨大的贡献。今天，中华民族的伟大复兴，不仅造福中国人民，而且造福世界人民。已经步入世界发展中大国的中国，理应承担起大国责任，对人类社会的发展进步，做出更大的贡献。

"穿越百年中国梦"丛书回顾了1840年鸦片战争以来一百多年间，陷入半殖民地半封建社会深渊的中国各阶层人民，在屈辱和苦难中奋起抗争，为实现民族复兴进行的种种探索，特别是回顾了中国共产党领导全国各族人民争取民族独立、人民解放、国家富强、人民幸福的光辉历程。这套丛书深刻揭示了历史和人民为什么和怎样选择了马克思主义，选择了中国共产党，选择了社会主义道路，选择了改革开放；深刻揭示了历史和人民为什么必须始终坚持高举中国特色社会主义伟大旗帜不动摇，坚持中国特色社会主义道路不动摇；昭示出没有共产党就没有新中国，就没有中国特色社会主义，只有社会主义才能救中国，只有改革开放才能发展中国、发展社会主义、发展马克思主义。

我相信，这套丛书的重印出版，能够使广大青少年读者更加深入地了解中华民族近代以来反对外来侵略史、人民解放的抗争史，了解中国共产党领导全国各族人民为中华民族伟大复兴而奋斗的创业史和改革开放史，为实现国家富强、民族振兴、人民幸福的中华民族伟大复兴的中国梦，夺取新时代中国特色社会主义伟大胜利，提供令人振奋的精神动力。

郭德宏

　　自欺欺人、顽固保守、内忧外患、拖拖拉拉……一系列原因共同促成了1911年席卷神州大地的辛亥革命，早就疲态尽显的大清王朝被震撼得如同泰山之崩。发生在辛亥年的那场革命，虽然没能从根本上挽救中国，但它推动了历史的前进，结束了2 000多年的封建帝制，古

老的中国由此改道；它也沉重地打击了帝国主义，此后，西方列强再也找不到能够控制中国全局的代理人；它还为中国民族资本主义的发展、无产阶级队伍的壮大创造了条件，同时开启了思想进步和民族觉醒的大门，树立起了中国人民救亡图存、重振中华的里程碑。

第一章
大厦将倾

1. 洋人的朝廷

甲午战争后，中国所处的国际局势更加恶化。清政府将宝岛台湾割让给日本，并支付沉重的战争赔款。俄国借口"三国干涉还辽"有功，强租旅顺、大连，修筑穿越中国东北的"中东铁路"及连接旅顺、大连的"南满铁路"。俄国还向清政府提出享有东北、蒙古铁路和工业的独占权，整个东北和蒙古都成为其势力范围。德国以两个传教士在山东被杀为借口，派兵强占了山东的胶州湾（青岛），逼迫清政府签订了租借胶州湾的条约，并修筑青岛至济南的胶济铁路，将山东划为其势力范围。

英国则强占威海卫为租借地，并将长江流域视为其势力范围。此外，法国将云南、广东、广西作为其势力范围，日本把福建作为其势力范围，美国则要求列强门户开放，分一杯羹。帝国主义列强纷纷在中国划分势力范围，中国面临被瓜分的险境。

随着西方列强的侵略活动不断深入，西方传教士依仗列强的保护在中国境内四处传教，建立教堂，招收教徒，其中以山东、河北两地为甚。一些传教士和教民无视中国法令，自立门户，欺压百姓，而各地官府或与他们狼狈为奸，或因担心得罪洋人而不敢主持正义。无处申冤的民众只好自己组织起来进行斗争。山东、河北两地的人民素有习武传统，很自然地，他们开始设场练武，攻打教堂，参与者越来越多，直至发展成为一支强大的农民武装，名为"义和团"。此后，义和团继续发展，短短两年间，已遍及包括北京、天津在内的整个华北地区，甚至发展到了东北和西北。

义和团产生的根源是反对帝国主义的侵略，具有朴素的爱国主义性质，但是义和团团民的文化层次和认识

被八国联军炮火摧毁的北京城正阳门

水平比较低，只看到"洋人欺大清"，不能认识到中国近代社会的深层次矛盾，遂由反对欺压乡民的"洋教"发展到反对一切洋人，并反对洋人带来的包括先进科学技术在内的一切东西。另外，义和团还具有很多封建迷信观念，因此它既有爱国的一面，又有落后的一面。

义和团最初打出的旗号是"扶清灭洋"，也就是说义和团并不反对清朝统治，而是要帮助清朝对付列强。因此，以慈禧太后为首的清朝统治者对义和团的态度一度摇摆不定：不剿灭怕危及统治，怕得罪列强；要剿灭又没有足够的力量和信心。此后，清政府因与列强矛盾激化，对义和团的犹豫态度开始转变。

1900 年 1 月，慈禧宣布立端王载漪之子为太子，而各国公使拒绝入宫祝贺，以此表示不予承认，这使慈禧太后非常不满。之后，当听说列强要强令她将权力归还戊戌政变后一直遭软禁的光绪皇帝时，慈禧既恨又怕，于是决定利用义和团对列强开战。

早在清政府宣战以前，英、俄、日、法、德、美、意、奥等列强就已经组成八国联军，由英国海军中将西摩尔率领，从天津进犯北京。行军途中，八国联军遭到义和团与聂士成率领的清军的英勇抵抗，伤亡数百人，不得不逃回天津租界。列强不甘心失败，又大量增兵，终于占领了天津大沽口，再次向北京进军。武器落后的义和团和清军最终没能抵挡住八国联军的进攻。1900年8月14日，八国联军占领了北京。北京沦陷前，慈禧太后带着光绪皇帝仓皇出逃，一直逃到陕西西安。

八国联军侵入北京后，到处杀人放火，奸淫掳掠。北京城遍地尸体，仅庄王府一处就有1700多人被杀死或烧死，烧毁的房屋更是成千上万。八国联军占领北京后，准许军队公开抢劫3天，日军从户部（财政部）抢走300余万两银子；法军从礼王府抢走200余万两银子；英军和美军把抢来的东西公开拍卖，卖后再分赃；俄军抢掠了颐和园，把能拿走的东西都抢走，不能拿走的则野蛮毁坏；德军把中国 17 世纪制作的珍贵的古天文仪器抢走后，运至柏林。就连八国联军统帅瓦德西本人也说："中国此次所受毁坏及抢劫的损失，其数目将永久不能查出，但数量无疑极其巨大。"

同时，早已蓄谋吞并中国东北的俄国趁八国联军入侵中国之机，即刻出动 15 万大军，侵占了中国东北。俄军野蛮地残杀中国人民，在海兰泡、江东六十四屯、瑗珲等地，每个地方都有几千名中国人被杀害。

《辛丑条约》签订场景

列强虽然占领了北京，但中国人民在战争中的英勇表现使列强认识到中国人民蕴含着巨大力量。八国联军统帅瓦德西承认，"他们（中国人）之所以没有成功，关键在于他们只有质地落后的武器"，"无论欧美、日本各国，皆无此脑力与兵力可以统治此天下生灵四分之一"。中国人民的英勇抵抗和列强之间的利益冲突，使列强决定与清政府签订和约。

1901 年 9 月，出兵侵华的俄国、英国、德国、法国、日本、美国、意大利、奥匈帝国 8 国，再加上比利时、荷兰、西班牙，强迫清政府签订了丧权辱国的《辛丑条约》。条约的主要内容是：中国赔偿白银 4.5 亿两，分 39 年还清，本息合计 9.8 亿两；在北京设立"使馆区"，区内不许中国人居住；拆除大沽及大沽至北京沿线的炮台；准许各国派兵驻守从北京到山海关铁路沿线的 12 个战略要地；镇压反对列强的中国人民，惩办在义和团运动中与列强对抗的官员，等等。

《辛丑条约》是继中日《马关条约》之后又一个套在中国人民身上的沉重枷锁。列强除极度贪婪地向中国人

人物故事

瓦德西

瓦德西全名阿尔弗雷德·格拉夫·冯·瓦德西，官至德意志帝国总参谋长，绰号"狐狸"，擅长政治手腕。关于八国联军为什么会让他担任统帅，瓦德西曾在日记中记载：奥地利和意大利出兵很少，不可能担任总司令。英国和俄国谁也不会同意让对方当总司令，况且当时英国刚刚在布尔战争中出丑，各国不看好英国人的军事水平。由美国或日本人出任总司令则是不可想象的，美国在中国的利益不像欧洲列强受的损害那么大，从一开始就不怎么积极，而日本人毕竟在欧洲老牌帝国眼里还处于被瞧不起的地位。唯一奇怪的是法国，它不反对瓦德西的任命，也从未积极寻求过这个职位。就这样，瓦德西于1900年8月被任命为八国联军总司令。但讽刺的是，他还没从欧洲出发，北京就已被占领。瓦德西从欧洲坐邮轮辗转来到中国，已经是两个月之后了，因此，他其实是个有名无实的八国联军总司令。这也正是他在自己的日记中毫不隐讳地记述八国联军在华抢掠行为的部分原因。

民勒索大量赔款外，还重新确立了以慈禧为首的清政府充当他们的代理人。慈禧则无耻地表示要"量中华之物力，结与国之欢心"。从此之后，帝国主义列强成为清政府的"太上皇"，清政府成了"洋人的朝廷"。

2. 清末"新政"

以慈禧太后为首的清廷顽固派原本反对一切改革，并且曾以血腥手段镇压了1898年的戊戌变法。然而，在经历了义和团运动和八国联军入侵的冲击后，为了维护自己的统治，再加上列强不断要求清政府迅速改变当前的无能状态，慈禧太后开始推行"新政"。

1901年1月，慈禧太后以光绪皇帝的名义宣布实行变法，下令各地大臣提出改革意见。根据袁世凯、张之洞、刘坤一等大臣的变法主张，从1901年到1905年，清政府先后颁布了一连串的旨令，陆续推行"新政"。"新政"的主要内容包括：改革官制、筹饷练兵、废除科举及兴办新式学校、派遣留学生、奖励开办工商业、酝酿实行立宪等。

在各项"新政"中，对清政府来说最重要的一项内容是筹饷练兵。清政府在北京成立了练兵处，负责编练一支装备新式武器的军队。练兵处以庆亲王奕劻为首，但真正的负责人是懂洋务的北洋大臣袁世凯。清政府计划在全国练成陆军36个"镇"（每镇1万多人，相当于"师"），由于经费短缺，最后只练成了14个镇。其中，经费最充裕、实力最强的是袁世凯负责练成的北洋六镇，部署在北京周边，其他各省则根据各自经费情况练成1个镇或1个"协"（比镇低一级，相当于"旅"）。

教育改革是"新政"的另一项重要内容。1904年

新军在进行操练

1月，清政府批准了张之洞等拟定的《奏定学堂章程》。这是中国近代第一个以法令形式公布并在全国推行的学制，通常称为"癸卯学制"。根据这一学制，晚清政府建立了初等、中等、高等三级普通教育制度，循序渐进地教授语文、数学、物理、化学、音乐、体育等各种知识，此外还有师范学堂和各种实业学堂。1906年，他们又正式废除了历史上长期实行的单纯以八股文作为考试内容的科举制度。兴学校、废科举，中国开始建立起现代教育制度，新式教育逐渐普及。到1908年，全国各类学校达到47 900所，学生达到130万人。在国内兴办学堂的同时，清政府也开始大批派遣留学生赴欧美及日本等国学习。其中既有官费的，也有自费的。短短数年内，留学生人数急剧增加，以人数最多的赴日留学生为例，1901年仅有280人，到1905年已达8 000人，1906年进一步达到23 000人。

1903年，清政府设立了商部，负责促进工商业发展。商部陆续颁布了一系列有关工商业的法律和章程，如大清商法、商会章程、公司注册章程、商标注册章程等。这些章程规定，允许自由发展实业，奖励兴办工商企业，鼓励组织商会团体等，而在此之前这些全都是不合法的。此后，中国工商企业呈现出蓬勃发展的气象。以矿业为例，1904 年向商部申请开办矿务的只有 5 例，到 1905 年就增加到 30 多例。各地商会也迅速发展起来，到 1908 年，全国重要城镇几乎都有了商会。

练兵、教育、商务是清末"新政"中较有成效的几个领域，其他如改革官制等则全都没有成效。至于"立宪"改革，更是毫无诚意的用于装点门面的幌子而已。

清末"新政"中的一些改革措施确实促进了中国社会的发展，具有一定的进步意义。不过，对于腐朽而守旧的清政府来说，实行"新政"是当时各种压力逼迫下不得已而为之的举措，其本意是维护它的统治，但"新政"产生的结果则与其初衷背道而驰。例如，清政府建立新军，表面上是为巩固国防，实际上主要目的却是镇压国内人民的反抗，但是由于使用新式枪炮的新军士兵皆具备一定的文化知识，更容易认识到清政府的腐败无能，也更容易产生或接受有关推翻清政府的革命思想。

清末西南地区的一所中小学学堂

　　事实上，正是这些拿着新式武器又有组织的新军士兵，成了日后辛亥革命中推翻清王朝的主要力量。同样，"新政"所实行的教育改革催生了一个新的知识分子阶层。这个进步的知识分子阶层具有更加鲜明的反对清政府腐败统治的倾向，特别是文化层次最高的留学生团体，他们是最活跃的力量。领导推翻清政府的革命政党中国同盟会，就是以在日留学生为主组成的。

　　清政府希望通过实行"新政"来挽救自己的统治，

历史掌故

东南互保

东南互保，又称东南自保、东南联保，是指清朝末年清廷对八国联军宣战后，中国南方各省违背中央政府的命令，拒不同外国开战的事件，其主导者是张之洞与刘坤一。此外，早在清廷尚未向各国宣战之前，湖广总督张之洞、两江总督刘坤一、两广总督李鸿章、铁路大臣盛宣怀等人即已商定相关事宜，以保存东南各省的稳定，避免列强有借口入侵；同时秘密约定一旦北京失守、慈禧太后与光绪皇帝不测，由李鸿章出任总统支撑局面。清廷宣战后，刘坤一、张之洞、李鸿章和闽浙总督许应骙、四川总督奎俊、山东巡抚袁世凯，迅速与各参战列强达成协议——"互不侵犯"，并宣称清廷下令他们参战的诏书是义和团胁持下的"矫诏"。东南互保一定程度上确实保护了中国河北、山东以外的地区免受八国联军之乱，但清廷因此威信扫地，各地方政府的政治与军事权力则水涨船高。这在客观上促进了辛亥革命的爆发与成功，也由此拉开了军阀混战时代的序幕。

结果却搬起石头砸了自己的脚，被"新政"所产生的进步力量推翻。这说明腐朽的清政府已成为阻碍中国社会发展的障碍。

3. 袁世凯崛起

进入 20 世纪后，清政府不仅面临着列强的入侵和人民的反抗，统治阶级内部也出现了裂痕。最引人注目的，是以袁世凯为首的北洋军的崛起。

袁世凯出身于河南一个官僚世家。年轻时两次在科举考试中失败，决定弃文从武。一把火烧掉诗书后，他率家丁投奔了父亲的结拜兄弟、驻扎在山东登州的清军将领吴长庆，并受到重用。后来他随吴长庆赴朝鲜，因头脑灵活，处事能够随机应变，被当时最有实权的李鸿章推荐为清政府驻朝鲜通商大臣。当时的朝鲜还是清朝的藩属国，因此袁世凯在朝鲜是很有权势的人物。

1894 年甲午战争爆发前，袁世凯跑回国内，投靠慈禧太后宠信的大臣荣禄。甲午战争后，荣禄和李鸿章推荐袁世凯在天津小站编练"新建陆军"。这支军队共 7 000 多人，一律使用近代枪炮，按照德国陆军的体制编制，聘请德国军官担任教官——这是袁世凯崛起的基础。

之后，清政府将"新建陆军"编为武卫前军、武卫后军、武卫中军、武卫左军、武卫右军5支军队，袁世凯任武卫右军统制。义和团运动时，其他4支军队都被八国联军摧毁，而时任山东巡抚的袁世凯在山东谋求"自保"，避免与西方列强冲突，结果他率领的武卫右军不但保存了下来，还在镇压义和团过程中有所扩充。

1901年，李鸿章病逝，袁世凯继任清政府最为显赫的职务之一——直隶总督兼北洋大臣。此后，袁世凯又先后兼任了督办政务处大臣、督办关内外铁路大臣、练兵处会办大臣等一系列重要职务，成为清末权倾一时的重臣。

《辛丑条约》签订后，清政府迫于形势压力，开始实行"新政"，其中最重要的举措就是编练新军，袁世凯凭借丰富的练兵经验成为实际负责者。他还利用领班军机大臣奕劻贪财的特点，向其贿赂巨款，使其对自己言听计从，成为自己揽权的工具和后台。之后，袁世凯以他原来的军队为基础，利用远比其他各省充足的练兵经费，先后练成了北洋六镇，约7万人。在全国练成的14个镇中，北洋六镇装备最好，战斗力最强，部署在北京周围，是清政府维持统治最为依赖的武装力量。

北洋六镇中，除第一镇以满族人为主，袁世凯不能完全控制外，其他五镇都是由袁世凯一手培植

袁世凯

起来的武装。这五镇的重要骨干大都是他在天津小站练兵时的亲信，如王士珍、冯国璋、段祺瑞、曹锟等。同期，袁世凯还创办了一批新式陆军学堂，如行营将弁学堂、保定军官学堂、北洋讲武堂等，培养了一批对其效忠的中下级军官，作为他建军的骨干力量。

袁世凯不但掌握了清政府最重要的军事力量，还积极插手路矿、通商等洋务。1901 年，袁世凯任直隶总督兼北洋大臣后，控制了招商局和电报局。1903 年，清政府设立商部，铁路和矿务统归商部办理。任商部尚书的是奕劻的儿子载振，袁世凯通过奕劻的关系在商部安排

亲信，最终控制了全国最重要的铁路线。1906 年，清政府又设立邮传部，总管铁路航运等，掌握实权的仍然是袁世凯的亲信唐绍仪、梁士诒。梁士诒还利用经营铁路获得的充沛资金创办了交通银行。袁世凯另派毛庆蕃创办户部银行（民国后改称中国银行），使其成为清政府的中央银行，控制了清政府的金融大权。此外，袁世凯还派人创办了许多工商企业，如滦州煤矿公司、启新洋灰公司、银圆局、北京自来水公司等。

袁世凯以其控制的北洋新军为基础，辅以雄厚的经济实力，形成了以他为首的北洋集团。在清政府推行"新政"的过程中，北洋集团迅速扩张，在军事、外交、路矿、财政各方面都拥有巨大的权势，而且得到了帝国主义列强的支持，北洋集团得以成为清末统治阶层中实力最为雄厚的军事政治集团。

北洋集团属于清朝统治阶层的一部分，它的崛起本应使统治力量得到加持，但对清王朝来说，以汉族为主的北洋集团既是它进行统治的依靠，同时也是一种潜在威胁。晚清政局的发展使得清朝贵族和北洋集团之间逐渐产生了裂痕。

自 1861 年通过辛酉政变夺取清朝统治大权以来，慈禧太后一直是清朝最高统治者。她通过政治手腕维持各种政治势力的平衡，以保证自己的最高统治地位。

摄政王载沣

1908 年，光绪皇帝和慈禧太后离奇地相隔一天先后死去，使晚清政局发生了重大变化。只有 3 岁的溥仪继位成为皇帝，他的父亲载沣成为总揽朝政的摄政王。载沣是光绪皇帝的弟弟，在他看来，正是握有军权的袁世凯的背叛导致了戊戌变法的失败和光绪皇帝的被囚禁。因此，当上摄政王的载沣以袁世凯患有脚疾为由，革去他各项职务，令其回河南老家养病。

罢免袁世凯是对北洋集团的重大打击，也使得清朝统治阶层产生了深深裂痕。袁世凯"开缺回籍"后，他一手建立起的北洋集团并没有因此而消亡，他所提拔的很多亲信依然占据各种要职，掌握着实权，特别是北洋新军的各级将领依然唯袁世凯马首是瞻。

袁世凯虽然身在河南老家"养病"，但仍然与他的老部下保持联络，密切关注着政坛动向，等待东山再起的时机。产生裂痕的清朝统治没有马上倾覆，但是，当面对真正的挑战时，它应对起来就明显力不从心了。

4. "皇族内阁"

在遭受从甲午战争到八国联军之役的连续失败后，一部分进步知识分子和官僚士绅认识到，只学习西方的科学技术，不进行政体上的根本性改革，难以最终改变中国贫穷落后的面貌。他们要求仿照当时的先进国家，如英国、德国及后起之秀日本的政体，实行君主立宪的政治体制。这个以要求君主立宪为主要目标的政治派别被称为立宪派。

立宪派虽然认为应该实行政治改革，但是反对通过暴力革命来达到目的，认为革命会导致无休止的破坏和动乱，不但争不到新的利益，连现有的利益也很难保住。

他们认为避免革命的唯一有效途径，就是实行君主立宪制度。这一要求真正形成一种全国性的运动，是从1904年开始的。这一年，为了争夺中国东北，日本和俄国在中国的领土上打响了日俄战争。软弱无能的清政府宣布严守"局外中立"，任凭两个帝国主义国家屠杀蹂躏东三省的土地和人民。

这种屈辱深深刺激了中国人民，而战争的进程和结局更给人们以极大的震动。俄国是个庞大的军事帝国主义国家，可是在这次战争中，却被日本打得惨败。立宪派利用这一事实大力宣扬：日本不过"蕞尔小国"，它能战胜俄国，是因为它实行了君主立宪制度；而貌似强大的俄国之所以失败，是因为它仍然是君主专制国家。立宪派因而断言：立宪则强盛，专制则败亡。立宪派非常善于利用报刊等媒体进行舆论宣传，发表鼓吹立宪的文章，甚至亲自创办报刊。当时的重要刊物，如《新民丛报》《大公报》《时报》《中外日报》《东方杂志》等，都充斥着鼓吹立宪的文章。

立宪派一面大力制造舆论，一面展开实际活动，其最著名的领袖在国内是张謇，在国外则是梁启超。张謇原来是清朝翰林，后来辞职回家乡南通创办实业，成效卓著，成为著名的实业家。他鼓动张之洞、袁世凯等人向朝廷奏请实行立宪，挽救危局。在立宪派的鼓动下，一些比较开明的官员纷纷上奏朝廷，请求实行立宪。一些西方列强为了自身利益，也敦促清政府实行政治改革。在这种形势下，清朝最高统治者慈禧太后也不得不表示准备实行立宪。1905年7月，清政府派载泽、端方等5位大臣出洋考察宪政。1906年8月，出洋考察的大臣相继回国，他们向慈禧太后陈述了立宪的好处，认为立宪可以消除革命，永保皇位。1906年9月1日，慈禧太后下诏宣布"预备立宪"。

立宪派对清政府这一决定备感欢欣，纷纷成立起倡导立宪的团体，比较著名的有预备立宪公会、政闻社、宪政讲习会等，其中影响最大的是预备立宪公会。它成立于1906年12月，地址在上海，主要领导人物有郑孝胥、张謇、汤寿潜等，会员有300多人，大都是各地有声望的官员、商人、乡绅、知识分子等。该会经费充裕，组织完善，在政界、商界、文化教育界有着深厚的根基。预备立宪公会不仅出版宪政刊物和书籍，发表立宪文章，还举办讲习所，开展国会请愿运动，加之其领导人郑孝胥、张謇等人与张之洞、袁世凯、岑春煊等政府大员关系密切，使其在社会上的影响很大。

立宪领袖张謇

清政府下诏宣布"预备立宪"后，公布了官制改革方案。但这个方案除更换几个名目，合并了几个次要的衙门，新增了一个邮传部以外，没有任何实质性改革。这让立宪派对清政府的"预备立宪"大为失望。于是从1907年起，立宪派开始发动国会请愿运动。

立宪派深知开设国会是实行立宪的关键，但从这次官制改革中又认识到统治者不会自愿实行立宪，于是发起了国会请愿运动。1907年，宪政讲习会会长熊范舆和沈钧儒、雷光宇等人给清政府上了第一份要求速开国会的请愿书。请愿书宣称：专制制度的最大弊害是政府与人民隔绝，人民的要求得不到反映，时间久了就会积成怨愤，一部分人会铤而走险，从事暴力革命。革命都是由专制制度本身造成的，要防止革命"祸乱"，只有开设国会，实行立宪。国会可以监督政府，遏制腐败；可以监督财政，不致有横征暴敛；可以制定法律，使司法独立，收回治外法权。请愿书指出，中国正处在存亡危急之秋，外部列强环逼，内部革命蠢动，如不赶紧实行立宪，恐怕数年后，革命就如烽火燎原，无法扑救了。

请愿书在报纸上发表后，产生了很大影响。各省的立宪派都积极响应，发出请开国会的请愿书，甚至黑龙江巡抚程德全、两江总督端方、驻外使臣孙宝琦等政府官员也纷纷上折奏请开国会。

面对舆论压力，清政府抛出了一个"宪法大纲"和"九年筹备清单"。依据该"宪法大纲"，君主拥有几乎无限的权力，与立宪的精神相违背。立宪派并不满意，但因"九年筹备清单"中规定第二年各省要设立谘议局，立宪派又转而投身于谘议局的筹备中。1909年各省基

资政院

本都建立了谘议局，立宪派在谘议局中占了多数，各省
谘议局议长多为立宪派，如张謇就当选为江苏谘议局议
长。在各省谘议局基础上，又在北京成立了资政院。根
据资政院的章程，资政院由朝廷指定的 100 名钦选议员
和 100 名选举出的民选议员组成，另由朝廷任命正副总
裁各 1 名。清政府设立谘议局和资政院，只是把它看作
一个民意咨询机构，没有实际权力，而立宪派却把它看
作议会的前身，积极投身其中，并以之为阵地进行立宪

活动，因而不可避免地会与清政府产生矛盾冲突。不过，由于立宪派反对革命的政治立场的本质属性，当和政府发生冲突时，特别是涉及政府的核心权力和利益时，最终都是以立宪派的屈服妥协收场。

1910 年，立宪派再次发动国会请愿。这次请愿比前几次规模更大，得到各省谘议局的支持，很多省份都召开了请愿大会，各省签名参加请愿者多达 30 万人。在赴摄政王府请愿时，还有 2 人当场用刀割伤自己，写成血书，以表强烈要求开设国会的决心。清政府慑于压力，再次施展惯用的拖延手段，发出上谕称提前 3 年于宣统五年（1913 年）开设国会，并预备组织内阁。这时，上层立宪派领导人如张謇等人认为请愿的目的已基本达到，便主张妥协。由于他们的妥协，请愿运动逐渐消沉下去。

1911 年 5 月，清政府宣称的责任内阁出台。在 13 个内阁成员中，汉族成员只有 4 个，满族成员则有 9 个，其中皇族竟占了 5 个，所以被讽刺为"皇族内阁"。立宪派奔走呼号，要求速开国会，设立责任内阁，到头来却弄出一个"皇族内阁"，这与立宪派的宪政理想判若天

历史掌故

状元下海

张謇是近代著名实业家、政治家、教育家，主张"实业救国"。甲午战争战败后，他本着"愿成一分一毫有用之事，不愿居八命九命可耻之官"的精神，以状元身份下海，在家乡江苏南通开办实业，先后创建了20多家企业，同时积极致力于教育和慈善事业。教育方面，他建立了完整的教育体系，共370多所。慈善方面，他兴办了博物馆、图书馆、体育场、气象台、公园、剧场、医院、养老院、育婴堂、盲哑学校、残疾院等一系列公益事业。此外，他还是晚清时期立宪运动的领袖，曾主持发动了3次国会请愿运动。1926年，张謇辞世。毛泽东在谈及中国民族工业时曾说："轻工业不能忘记海门的张謇。"

渊。事实表明，在涉及统治大权的根本利益上，清政府是绝不肯让步的，立宪派通过请愿等政治运动达到宪政目的的幻想就此破灭。

第二章

Ⅱ 救亡志士

扫码体验

VR融媒"四史"云课堂
"四史"学习就在我身边

1. 革命领袖孙中山

与反对革命的立宪派不同，革命派认为腐朽的清政府已无可救药，必须推翻它，代之以新的民主共和政府，中国才有救。因此，革命派毅然选择了武装革命的道路，而孙中山就是革命派的领袖和先行者。

孙中山的本名叫孙文，字德明，号逸仙。他在日本流亡时曾化名中山樵，后来人们都习惯称他为孙中山。1866 年 11 月 12 日，孙中山诞生于广东香山县（今中山市）翠亨村一个农民家庭。出生时，他家境窘迫，只有很少的土地。他的两位叔叔都出洋当华工，比他大 12 岁

的哥哥孙眉则给地主家
打长工。孙中山很小的
时候就参加农业和家务
劳动，对底层民众的艰
苦生活有着深刻认识。

1871 年，他的哥哥
孙眉去太平洋上的岛屿
檀香山（今美国火奴鲁
鲁）谋生，经过艰苦创
业，开办了商店和牧场，

17 岁时的孙中山

还涉足酿酒、伐木等产业，渐渐富裕起来，成了华侨资
本家。在哥哥的资助下，孙中山读了私塾，接受过传统
启蒙教育，12 岁那年又赴檀香山读中学。

1883 年，孙中山回国继续求学，先后就读于香港中
央书院、广州南华医学堂、香港西医书院。实行西方
制度的檀香山和香港的繁荣与处于清政府统治下的家
乡的落后形成鲜明反差，给孙中山留下了深刻印象，促
使他去思考和探寻中国的命运和出路。在学校读书时，

孙中山便很关心国事，为中法战争中广大军民的英勇抗敌感到欢欣鼓舞，又对清政府不败而败的投降行为感到痛恨。其间，孙中山结识了一些同样关心祖国命运的志趣相投的同学，如郑士良、杨鹤龄、陈少白、尢列、陆皓东等。他们毫无顾忌地谈论国事，探讨各种救国方案，甚至声称要推翻清政府。为此，孙中山和杨鹤龄、陈少白、尢列被时人称为反清"四大寇"，而他们自己也很高兴被这样称呼。

1892年，孙中山从香港西医书院毕业，在澳门行医，开设了中西药局，第二年又改赴广州行医。但是，孙中山的志向不在于行医，而是抱有更远大的理想，那就是投身政治，探寻挽救中国危亡的道路。1894年，孙中山曾作过一次以和平手段促使清政府改革的尝试。他写了《上李鸿章书》，上书中提出了各种改革措施，希望改革后的中国"人能尽其才，地能尽其利，物能尽其用，货能畅其流"。孙中山和好友陆皓东携带《上李鸿章书》北上天津，想呈递给当时最有权势的大臣李鸿章，结果上书如石沉大海，希望落空。孙中山上书失败后，认识

孙中山在香港西医书院学习时与革命同志合影

到清政府已腐败透顶，不能期望它进行真正的改革，于是坚定地走上了推翻清朝统治的革命道路。所以说，革命者并不是天生就喜欢暴力革命，他们只是在和平手段行不通而且别无选择的情况下，才毅然从事革命的。

1894 年 11 月 24 日，孙中山赴檀香山，联合何宽、邓荫南、宋居仁等一些爱国华侨成立了反清革命团体——兴中会。在会员们的支持下，孙中山筹集了

13 000 美元用于筹备起义，邓荫南、宋居仁等人甚至变卖了所有家产支持革命活动。孙中山、邓荫南等携带经费潜至香港，联合旧友陆皓东、郑士良、陈少白及另一个反清小团体"辅仁文社"的杨衢云、谢缵泰等，成立了兴中会总部。香港兴中会的会员入会时，必须朗读誓词："驱除鞑虏，恢复中国，创立合众政府。"他们旗帜鲜明地提出了推翻清政府、建立民主共和政府的口号。

1895 年，兴中会筹划在广州发动起义。起义原定在重阳节发动，但由于走漏了消息，清政府调兵加强了广州防卫，并搜捕革命党人，起义尚未发动就遭到失败。陆皓东、朱贵全等人被捕，在狱中坚贞不屈，遭到杀害。虽然这次起义失败了，但它是革命党人此后一系列武装起义的起点，具有重要历史意义。

这次起义失败后，清政府下令通缉孙中山等人。香港当局也宣布驱逐他们，5 年之内不得入境。孙中山不得不流亡日本、欧美等地。此后，孙中山的行踪受到清政府密探的严密监视，清政府还电令各驻外使节缉拿他。1896 年 10 月 11 日，孙中山在伦敦不幸被清

人物故事

陆皓东

陆皓东既是孙中山的同乡和幼年的同学、玩伴，也是孙中山的革命挚友。1883 年，二人为破除迷信，一起将村里的一些神像砸毁，劝说人们靠神仙不如靠自己，结果为豪绅地主所不容，孙中山被迫去了香港，而陆皓东远走上海。1894 年，陆皓东随孙中山一起北上，赴天津上书洋务大员李鸿章，在吃了闭门羹后，从此一心革命。他利用父亲留给自己的遗产，多方结交反清志士，并积极资助在海外活动的孙中山。广州起义前，他亲手设计了革命军的军旗——青天白日旗。起义消息走漏后，他在已经转移至城外安全之地的情况下，不顾个人安危，毅然返回城里，成功烧毁了党员名册，消除了革命后患，但不幸被捕。孙中山曾请美国领事保释陆皓东，无奈陆皓东早已抱定必死之心，他大义凛然地宣称："今事虽不成，此心甚慰。但一我可杀，而继我而起者，不可尽杀。"不久，陆皓东在广州就义，年仅 29 岁。

朝驻英国公使馆人员抓捕，暂时囚禁于馆内，等租到船便将其押送回国。危急时刻，孙中山得到了在使馆工作

的英国人柯尔的帮助，柯尔暗中递信给曾在香港西医书院教过孙中山的老师康德黎求救。康德黎和其他英国友人奔走营救，并公布了清使馆无耻绑架本国革命党领袖的消息。英国政府迫于舆论压力，强制清使馆释放了孙中山。孙中山不仅逃过一劫，还因此声名远扬，成了国际知名的中国革命领袖。

2. 三大革命宣传家

要想取得革命的成功，必须广泛动员社会进步力量。在揭露清政府腐朽统治和宣传革命的过程中，曾涌现出了许多优秀的革命宣传家。

邹容出身于四川一个富商之家，自幼才华横溢，熟读儒家经典，但是他并不喜欢这些封建伦理说教，也不肯去参加科举考试。16岁时，他去上海求学，第二年又

邹容著《革命军》

赴日本留学，很快被当
时留学生中活跃的革命
活动所吸引。由于不满
一个清朝官员的丑行，
他和同学一起强行剪了
那个人的辫子。

男人留长辫子是满
族的习俗。满族人关建
立清朝后，曾命令男人

邹容

一律留长辫子，否则就要杀头。因此，当时男人留长辫
子是标准发型，是事关性命的大事。而邹容剪去别人的
辫子，在当时是犯了大错，因此他被取消了留学资格，
不得不回到上海。

邹容留学日本期间，写成了宣传革命的著名书籍
《革命军》。到上海后，他又加以修改，于1903年5月
将其正式出版。邹容在书前写了一篇自序，署名为"革
命军中马前卒邹容"。这本书虽然只有约2万字的篇幅，
但在当时的影响非常大。它以西方的自由、平等、天赋

陈天华

人权学说作为理论基础，大声疾呼革命，要求推翻集专制、卖国、种族压迫于一体的清政府，建设一个独立民主的中华共和国。

该书文笔浅近、犀利，说理明澈，情感丰富。孙中山称赞它"为排满最激烈之言论"。章士钊称赞它是"今日国民教育之第一教科书"。革命党人吴樾说，他得到这本书后一口气读了3遍，可见它多么吸引人。《革命军》受到大众的热烈欢迎，第一版在上海出版后，数千册书不到一个月就销售一空。在偏远地区，《革命军》竟卖到10两银子一本，许多青年竞相传抄。各地竞相翻印《革命军》，总销量达到100万册以上，即使在今天，这也是一个惊人的数字。

陈天华是湖南人，1875年出生于一个清贫的乡村教师家庭。年少时他跟随父亲读书识字，后来得到他人资助，得以继续学习。1903 年，28 岁的陈天华留学日本。在日本，他积极参加爱国政治活动，加入了拒俄义勇队，咬破手指作血书，抗议俄国强占东北，呼吁同胞救亡。

他将大部分时间都用在写作革命宣传品上，经常闭门疾书，写到痛心之处，往往独自泣不成声。1903 年至 1904 年，他先后写成了《猛回头》和《警世钟》两书。这两本书以强烈的爱国精神和革命勇气，揭露帝国主义列强瓜分中国，而清政府已成为"洋人的朝廷"，号召全国各阶层民众团结起来，立即行动，实行排满，"杀那洋鬼子"。

《猛回头》和《警世钟》反帝爱国思想的激烈程度超过了当时的同类作品。和《革命军》一样，这两本书也以通俗易懂见

陈天华著《猛回头》和《警世钟》

长。《猛回头》采取说唱弹词的形式，朗朗上口，非常适合口头传播，适应了当时文化还不普及的中国国情。许多革命党人将《猛回头》背得烂熟，到处演说，起到了很好的宣传效果。《警世钟》则以通俗的白话文写作，很快就被传播到了农村、军营和平民中。为了阻止《警世钟》的流传，清朝当局在上海千方百计迫害出版和销售该书的书商，但官方的禁止反而使它更加广泛地流传开去。

章炳麟 1869 年出生于浙江一个书香门第，家境富有，且有私人藏书楼。他幼年受家庭熏陶，师从名家学习儒家经典，奠定了深厚的古文基础。年轻时，他曾与康有为、梁启超等维新派交往。1900 年，章炳麟与维新派决裂，转向革命。他的主要政治观点收于《訄书》中，但是这本书是用古文写的，文辞古奥，很难广泛流传。

章炳麟的作品中最受民众欢迎、流传最广的是《驳康有为论革命书》。当年的维新派领袖康有为曾写过《答南北美洲诸华商论中国只可行立宪不可行革命书》和《与同学诸子论印度亡国由于各省自立书》两篇文章。他在文中指出，革命会造成流血破坏，招致外国干涉，现在不能进行革命，应等待光绪复辟，实行君主立宪。维新派奉其为圭臬，把它们印成小册子到处散发。为此，章炳麟写了《驳康有为论革命书》予以驳斥。他指出，清政府为了维持其种族压迫，绝不会放弃政权来实行立宪，只有用革命推翻清政府，实行合众共和，才能使中国免为欧美之奴隶。康有为以"中国的民众没有经过民主思想启蒙，还习惯于旧的习俗"为理由来反对革命，章炳麟则针锋相对地指出："没有经过民主思想启蒙，就以革命来启蒙；旧的习俗还在，就以革命去除它！"

除邹容、陈天华、章炳麟外，当时还有许多优秀的革命宣传家，如章士钊、林白水、高旭、马君武、于右任等，他们以诗歌、小说、漫画、戏剧等各种艺术形态宣传革命。在他们的宣传下，革命思想得到广泛传播，不仅使知识分子中的先进人物倾心革命，下层民众也深受影响。当后来的革命大潮到来时，士兵、会党、农民、商人等各个阶层，纷纷加入革命，与革命宣传家们的努力是分不开的。

3. 最后的文字狱——《苏报》案

1903 年，清政府为遏制如火如荼的反清革命宣传，制造了轰动中外的"《苏报》案"。

《苏报》原是上海一家日侨报纸，1898 年转售给中国人陈范。陈范原是江西一个知县，因不愿与腐败的官场同流合污而被罢免。他愤于清朝政治腐败，就买下《苏报》，想借此宣传改革，挽救时局。

1903 年，《苏报》聘请上海革命团体中国教育会和爱国学社的蔡元培、吴稚晖等人为报社撰写论说。很快，"革命排满"的呼声就出现在报纸上。6 月 1 日，陈范聘请章士钊担任主笔，对《苏报》进行改革。改革的具体内容是增设政论性的"舆论商榷"栏目，突出"学界风潮"栏目，减少一般新闻，在文章、消息重要处夹印大号字等，目的重在用革命的舆论来影响中国时局的变化。从 6 月 1 日开始改革到 7 月 7 日报馆被查封的 37 天时间内，《苏报》共刊出政论 40 篇，几乎没有一篇不谈革命。

《苏报》改革前后，邹容的《革命军》和章炳麟的《驳康有为论革命书》也先后问世。《苏报》发表了章炳麟为《革命军》写的序文，并著文介绍两书。《苏报》称《革命军》为"国民教育第一教科书"，"所有人读了之后都心潮澎湃，忍不住想拔剑起舞。要是中国四万万人都能读这本书，那么中国的兴旺发达也就不远了。"它还称《驳康有为论革命书》"像锋利的长矛刺向敌人的盾牌，不但康有为不能与之辩论，而且足以吓破满族人的胆了"。《革命军》《驳康有为论革命书》《苏报》相互辉映，宣扬革命的气势更加强烈，给万马齐喑的晚清社会带来很大的震动。

清政府当然不能容忍这种情况继续发展下去，遂命令上海道袁树勋捉拿蔡元培、吴稚晖、章炳麟、黄宗仰和陈范等人。但是，他们都住在租界里，清政府不能直接进入租界抓人，袁树勋不得不与租界当局交涉。租界工部局以不合租界章程为由不予合作，声称只要是在讲学，不藏武器弹药，如官厅来捕人，工部局将予以保护。已沦为帝国主义列强代理人的清政府不敢冒犯列强的利益，逮捕革命者的企图未能得逞。

不过，清政府并没有就此罢休。6月21日，清廷再次下旨捉拿上述革命党人。两江总督魏光焘派候补道俞明震到上海会同袁树勋办理此案。俞明震到上海后，暗地召见吴稚晖，劝《苏报》改变声调，还出示捉人的命令，示意吴稚晖等人暂避风头。这是腐败官场办案的一种惯用手段：表面上大张旗鼓，一丝不苟；背地里暗走风声，放跑首要。这样不了了之，既可应付上司，又不使自己为难。

岂知革命党人根本不买账，《苏报》照旧倡言革命，连续发表革命文章。6月29日，《苏报》以《康有为与觉罗君之关系》为题，刊载了章炳麟《驳康有为论革命书》的精彩部分，文中称呼光绪

《苏报》

皇帝为"载湉小丑",无所顾忌地指
斥清政府。

鉴于上次到租界直接抓人
受阻的经验,这次清政府改
变了策略。在外籍顾问的建
议下,他们决定将其作为租界
内发生的案件,向英租界会审公
廨控告这些革命者。这一招非常奏效,
租界工部局开始派巡捕抓人。

章炳麟

巡捕先后两次到苏报馆抓人,陈范逃走,章炳麟拒
绝离开,被巡捕带走。章炳麟还写信劝邹容自首,邹容
第二天便到巡捕房自首。巡捕见他年纪轻轻,个子又小,
说:"你还是个孩子呢,跑来做什么?"邹容说:"我就是
清政府要抓捕的写《革命军》的邹容!"其实,章炳麟、
邹容都可以从容逃走,但他们不肯这样做。他们要在法
庭上与清政府进行斗争,以唤醒民众。章炳麟在狱中写
的《狱中答新闻报》中说,这一案件是清政府与四万万
汉人之间的大诉讼,而他们就是四万万汉人的代表。除

了逮捕革命者，清政府还串通租界查封了《苏报》，这份名震一时的革命报纸就这样被扼杀了。

在法庭上，清政府代表摘引了章炳麟、邹容文章中的激烈词句作为"罪证"，指控他们故意污蔑当今皇上，诋毁朝廷，大逆不道，以此让国民仇视皇帝，痛恨政府，心怀叵测，图谋不轨。章炳麟坦然承认《革命军》序是他所作，又因见康有为著书反对革命、祖护清朝，便作《驳康有为论革命书》加以驳斥。至于"载湉小丑"的指控，他答道，他只知道载湉是清政府人，不知所谓"圣讳"。邹容也自认，因愤于满人专制，所以作《革命军》唤起革命。

依据章炳麟、邹容的"罪行"，租界会审公廨最多对其判刑监禁数年。租界的治外法权本来是帝国主义列强强行攫取的，没有正当依据，但是列强为了维护自己的利益，不愿放弃治外法权。清政府为了置革命党人于死地，则采用各种手段同列强交涉，要把章炳麟和邹容从租界引渡出来。列强中各国对此态度并不一致，美国、法国、俄国、德国等赞成引渡，英国则坚决反对。正当

历史掌故

清代文字狱

文字狱是封建统治者迫害知识分子和无辜人员的一种冤狱。中国历史上，历朝历代几乎都有文字狱，但以清朝最多、最重。据史料记载，顺治朝有文字狱 7 次，康熙朝有文字狱 12 次，雍正朝有文字狱 17 次，乾隆朝文字狱竟达 130 多次！其中绝大多数都是捕风捉影，纯属冤杀。文字狱的泛滥，造成了"万马齐喑"的严重历史后果，万千知识分子为保项上人头，被迫保持沉默，不敢过问政治，不敢发表自己的真实见解。研究学问的人，只能死抱八股文与故纸堆，不再追求经世致用的学问，"著书只为稻粱谋"。在朝为官者，越来越谨小慎微，没有节操，凡事"多磕头、少说话"，甚至不少官员以制造文字狱为晋升之阶，从而严重阻碍了中国社会的发展和进步。

交涉时，发生了另一个革命军首领沈荩被清政府残忍处死的案件。消息传出，引起国内外舆论的愤慨。列强便以此为借口拒绝引渡，清政府只好同意由租界审判定罪。

1904 年 5 月 21 日，租界会审公廨宣布判处章炳麟监禁 3 年，邹容监禁 2 年，罚做苦工，自到案之日起算，限满释放，驱逐出租界。章炳麟和邹容被囚禁在监狱里，每天做工 8 小时，吃很差的饭食。1905 年 4 月 3 日，邹容因不堪监狱的折磨，病死狱中，年仅 20 岁，距离出狱日期仅剩 70 多天。1906 年 6 月 29 日，章炳麟刑满出狱，在革命党人的帮助下，被送到了日本。

清政府兴师动众制造了《苏报》案，自以为得计，但一定程度上也为反清革命做了义务宣传。革命者的主张通过清朝的控状公布于全国，章炳麟、邹容成了全国闻名的爱国英雄，他们的作品更加迅速地流传开来。

4. 革命者大集合——同盟会

20 世纪初，随着清末"新政"的开展，中国赴欧美和日本留学的学生日益增多。他们本身具有较高的文化水平，思维活跃，容易接受新鲜事物，同时感受到先进的西方文明社会与落后的祖国之间的巨大落差，自然会促使他们反思中国落后的根源，探寻中国救亡之路。加之国外相对自由、宽松的环境便于留学生进行结社、集会、出版等各种政治活动，因此，近代留学生群体成了反清革命活动中最肥沃的土壤。

在国内从事革命活动的革命者，如兴中会的孙中山、陈少白，华兴会的黄兴、宋教仁，光复会的章炳麟等，由于遭到清政府的镇压和迫害，先后被迫流亡国外。一些有革命倾向的学生，虽然还没有从事实质革命活动，但清朝有些地方的统治者为了减轻压力，避免"出事"，也把这些学生送到了国外留学，如湖广总督张之洞就把很多有革命倾向的学生派到了欧洲和日本留学。如此一来，国外就成了中国反清革命者荟萃之地。尤其是日本，它与中国距离近，生活费用低，语言风俗接近，既是留学生人数最多的地方，又是革命者海外流亡首选之地。

1904 年，孙中山赴欧洲，与中国留欧学生朱和中、贺之才、史青等人建立了联系。经过与这些留学生数天的畅谈和辩论，孙中山抛弃了"秀才不能造反，军队不能革命"的思想，改变了过去单纯依靠绿林会党的做法，

孙中山与留欧学生合影（1909 年）

接受了"重视知识分子的作用"这一观点。孙中山与这些留欧学生们一起建立起一个革命组织，加入组织的会员必须宣读誓词"驱除鞑虏，恢复中华，创立民国，平均地权"。在那里，他还了解到留日学生们的革命气氛更为浓厚，便决定赴日本开展革命活动。

1905 年 7 月，孙中山抵达日本。此时日本的中国留学生以同乡为纽带组成了许多革命小团体，创建了很多宣传革命的报刊，如《国民报》《游学译编》《湖北学生界》《浙江潮》《二十世纪之支那》等。但是，他们缺乏一个统一的组织。孙中山到日本后，与黄兴、宋教仁等人商议，决定成立统一的革命组织。

7 月 30 日，孙中山与黄兴、陈天华、宋教仁、张继、程家柽、田桐、马君武等各省革命志士共 70 多人齐聚东京，讨论组建革命团体。孙中山提议将分散的革命力量组织成一个大团体，协力从事反清革命，获得大家一致赞成。会议决定团体的名称为"中国同盟会"，大家还接受了孙中山的建议，以"驱除鞑虏，恢复中华，创立民国，平均地权"作为宗旨和纲领。孙中山起草了盟书，与会者同举右手对天宣誓。宣誓完，孙中山向大家祝贺："祝贺你们！从今日起，你们已不是清朝人了！"人们正要离开会场时，室内后部的木板突然轰隆一声坍塌了。孙中山急中生智，诙谐地说："这是清政府颠覆的预兆！"大家听了，不住地鼓掌欢呼。

8月13日，在黄兴的推动下，留学生欢迎孙中山大会召开。到会的留学生竟达1 800余人，会场挤满了人，后到者进不去又不忍离开，使得站在街边仰望楼上的有六七百人之多。孙中山在会上发表了演说，号召用革命的方法建立共和国，改变积弱的国势，跃居世界先进国家之林。演说博得一阵阵经久不息的掌声。清政府驻日公使扬言要取消参加大会者的留学费，但留学生们说："要取消就让他取消好了。我无论如何都要参加革命党。"

8月20日，中国同盟会的正式成立大会在东京召开。会议通过了黄兴起草的章程。章程对会名、会址、宗旨、会员、本部机构、分支机构、会费等问题都做了具体规定。同盟会本部设在东京，宗旨是"驱除鞑虏，恢复中华，创立民国，平均地权"，会员入会时需宣读包

《民报》第一号与发刊词

含宗旨的誓词。总理是同盟会的最高领导人，同盟会下设执行部、评议部、司法部3个部门。会员选举孙中山为同盟会总理，黄兴为执行部庶务，汪精卫为评议会议长，邓家彦和宋教仁分别为司法部的判事长和检事长。除东京总部外，还设立了国内各省分会，以及南洋、欧洲、美洲、檀香山4个海外支部。可以看出，同盟会是通过选举、按照民主制度建立起来的一个具有政党性质的革命组织。以西方通行的立法、司法、行政三权分立的原则设立自己的组织机构，这表明将来它也希望按照这样的原则建立政权。

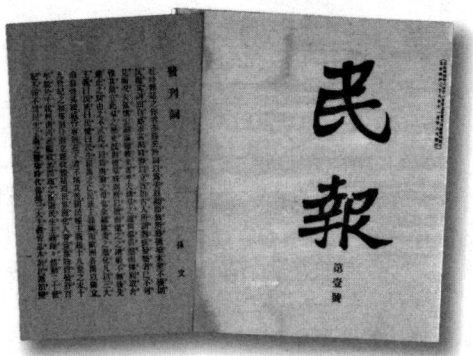

　　同盟会成立后，将原有的《二十世纪之支那》作为机关报，不久把它改组为《民报》。《民报》社是同盟会的唯一公开机关，是同盟会东京总部所在地。1905年11月，孙中山在《民报》创刊的发刊词中，将同盟会的十六字纲领"驱除鞑虏，恢复中华，创立民国，平均地权"概括为"民族、民权、民生"三大主义，后被人们称作"三民主义"。

同盟会成立是反清革命中一件划时代的大事。它将原来分散的反清革命力量统一起来，形成了一支强大的政治力量。也只有这样，反清革命力量才能同强大的敌人抗衡，从事漫长艰辛的革命活动。

5. 鉴湖女侠秋瑾

在清朝末年的反清革命大潮中，涌现出了许许多多英勇无畏的革命志士，号称鉴湖女侠的秋瑾就是其中的杰出代表。

秋瑾是浙江绍兴人，但她出生在福建，她的祖父在那里任一个小地方官。从小时候起，秋瑾的祖父和父母就鼓励她努力学习文化，到10多岁时，她已经读了很多书，学会了写诗填词。秋瑾特别喜欢读历史书和小说，向往中国古代历史上那些英雄人物和侠义之士。跟随祖父返回浙江老家后，秋瑾还向当地的武林高手学习武艺，学会了刀剑、骑马、射箭等各种武艺。独特的个性再加上家庭环境、成长经历的影响，赋予了秋瑾豪放的性情，极具女侠气质。

秋瑾的少女时代是自由且奔放不羁的，然而她长大后，却不得不接受封建礼教的束缚。当时的女子没有选择婚姻的自由，只能由父母包办。19 岁时，经媒人说媒，父母做主，秋瑾嫁给了湖南一个富家子弟王廷钧。王廷钧生长在一个封建守旧的暴发户家庭，是个只知吃喝玩乐的纨绔子弟，秋瑾和他毫无感情可言。但是"出嫁从夫"是当时女子必须遵守的礼教，秋瑾还无法冲破它的束缚。"重重地网与天罗，幽闭深闺莫奈何"，秋瑾在一首诗中描述了自己当时的无奈处境。

鉴湖女侠秋瑾

1900 年，秋瑾的丈夫王廷钧花钱捐了个小京官，秋瑾随之来到北京。其间，为躲避八国联军，他们曾回湖南避难。回到北京后，京城被八国联军蹂躏后的惨状，激起了秋瑾对残暴的外国侵略者和腐败的清政府的痛恨。在北京期间，秋瑾接触到一些具有开明思想的人，如她的邻居吴芝瑛夫妇等。通过与他们交往，秋瑾开阔了眼界，接触了新思潮。她原本就是一个有着烈火般性格的奇女子，在接受新思潮熏陶后，她便决定冲破封建家庭的束缚，去寻求救国真理。1904 年，秋瑾不顾丈夫百般阻挠，自己筹措经费，毅然赴日本留学。

此时，中国留学生在日本东京的反清革命运动正如火如荼，秋瑾很快便投身其中。她经常参加革命者的聚会，在会上发表演讲，倡导革命救国、男女平等。演讲到慷慨激昂处，听者无不为之动容。她还积极参与创办革命报刊《白话报》，以"鉴湖女侠秋瑾"的笔名发表宣扬革命的文章。1905 年春，秋瑾短暂回国，经革命者陶成章介绍，在上海会见了光复会领袖蔡元培、徐锡麟，并加入了光复会。返回日本后，秋瑾被推为同盟会浙江分会主盟人。

秋瑾创办的《中国女报》

1906 年，秋瑾从日本回国，第二年在上海创办了《中国女报》。该报以通俗易懂的文字宣扬妇女解放，呼吁广大妇女冲破封建社会的种种束缚，走向社会。不久，秋瑾接受徐锡麟的邀请，到绍兴任大通学堂督办，以此为掩护，从事革命活动。她往来于杭州、上海、绍兴之间，发动新军士兵和军校学生参加革命。她还到浙江各地联络民间反清会党，组织会党首领到绍兴进行军事训练，并把各地会党编为 8 个军，分别用"光复汉族，大振国权" 8 个字为号。

秋瑾经常骑着一匹马，身穿长衫，脚蹬皮靴，一副男装打扮。清晨，激越的号声将学生们唤起，这时的秋瑾已穿着男子体操军衣，怀藏手枪，腰佩明晃晃的倭刀骑在马上了。紧接着，她带领学生们到城外大操场进行严格的军事训练。经过训练，这些来自各地会党的学生们克服了散漫习气，掌握了基本的军事知识，成长为日后的革命军事人才。

同年年中，秋瑾和徐锡麟在杭州西湖边的白云庵会面，约定分头活动，筹划浙江、安徽两省同时起义。徐锡麟此时任安徽巡警学堂的会办（副校长）。1906年7月6日，安徽巡警学堂举行毕业典礼，安徽巡抚恩铭等要员都来参加。典礼上，恩铭刚就座，徐锡麟上前说："回大帅，今日有革命党起事！"这是革命党人约定的起义信号，革命党人陈伯平立即将炸弹投向恩铭，不料炸弹没有爆炸。徐锡麟、陈伯平、马宗汉等人随即拔枪向恩铭射击，恩铭身中7弹，被侍从背走后很快死亡。徐锡麟向士兵大呼："抚台已被刺，快从我革命！"几十名士兵跟随徐锡麟去攻打军械所。起义士兵进行了英勇战斗，但由于寡不敌众，起义失败了，陈伯平战死，徐锡麟、马宗汉被俘，后来都被残酷杀害。

秋瑾原本约定与徐锡麟同时起义，但因准备不及，推迟了发动时间。徐锡麟在安徽起义失败后，形势对在浙江的秋瑾非常不利。秋瑾从报纸上得知徐锡麟起义失败的消息后，拿着报纸悲痛地哭泣。由于形势已变，起义无法发动，她便指挥大家掩藏枪弹，焚毁名册，分头疏散。但她自己拒绝逃走，决心为革命献出生命。大队清兵很快包围了绍兴大通学堂，秋瑾被捕。面对敌人的严刑逼供，秋瑾写下"秋风秋雨愁煞人"7个字，说："革命党人不怕死，欲杀便杀。"7月15日，秋瑾在绍兴轩亭口被杀害。她的好友们根据她的生前愿望，把她安葬在美丽的西湖之畔。

秋瑾是反清革命斗争中牺牲的一位杰出女英雄，清政府杀害她的消息传开后，原本不知道秋瑾之名的人都因此知道了她，一些不懂革命的人也因此受到了革命的

历史掌故

秋瑾的诗词

秋瑾就义时年仅32岁，却留下了许多著作，包括120多首诗、38首词，以及一些白话文和弹词。气势豪迈的《对酒》是其代表作：

不惜千金买宝刀，貂裘换酒也堪豪。

一腔热血勤珍重，洒去犹能化碧涛。

教育。秋瑾的鲜血唤起了更多优秀中华儿女投身革命。

6. 黄花岗七十二烈士

同盟会成立后，革命党人策划了多次武装起义，有湖南萍浏澧起义、广东黄冈起义、广西镇南关起义、云南河口起义、江浙一带的徐锡麟与秋瑾起义、四川泸州起义等。这些起义虽然都失败了，但是革命党人并没有灰心，他们屡仆屡起，以坚韧不拔的精神向腐败的清政府发起一次又一次冲击。1910 年 11 月，孙中山、黄兴等同盟会领导人在南洋的槟榔屿召开会议，决定集中力量再次发动起义。他们计划选择 500 名壮士为"敢死队"，先在广州城内发难，再打开城门迎接新军入城。因为当时清政府为防范新军革命，平时不发给他们子弹。新军只有在入城获取弹药后，才能占领广州，继而向北进军。

于是，同盟会会员分赴海外各地募捐起义经费，其中南洋华侨捐助 8 万元，美洲华侨也捐了近 8 万元。革命党人用这些经费购买枪支弹药，筹备起义。1911 年 1月，同盟会在香港设立起义统筹部，推举黄兴为部长，下设调度、储备、交通、调查等部门。总机关成立后，分别派人进入广州，设立秘密据点 38 处。这一时期，广州街头有时会出现一些喜庆花轿和搬运嫁妆、礼品的人，有时又会出现一些抬着沉重货物的苦力。他们其实都是革命党人，正在以各种巧妙办法将枪支弹药从香港运到广州，再分散到各个小组。

革命党人决定于 4 月 27 日发动起义。起义前，不少革命党人抱着必死的决心，写下了遗书。林觉民到广州前曾回家一趟，这时他的妻子已有身孕。林觉民担心妻子悲伤，不忍将实情告诉她。他在写给妻子的绝笔书中说："我现在用这封信跟你永别了！我写这封信时，还是世间一个人；你看这封信时，我已经成为阴间一鬼了。写这封信时，泪珠和笔墨一齐落下，简直都无法继续书写了……我非常爱你，也就是爱你的这一意念，促使我勇敢地去死。我自从结识你以来，常愿天下有情人都成眷属；然而遍地腥云，满街凶狼恶犬，有几家能称心满

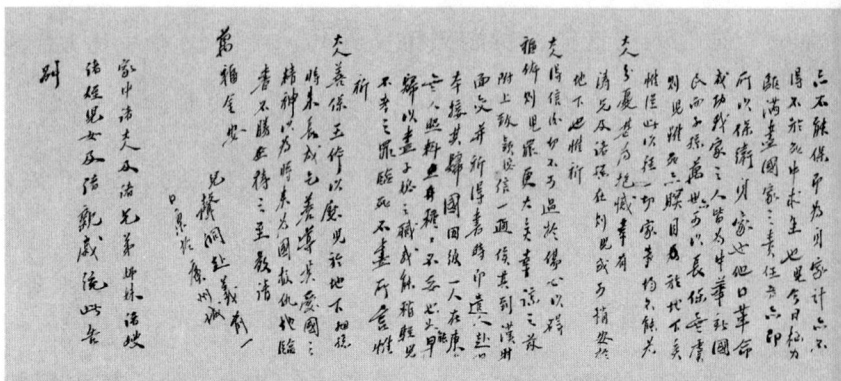

黄花岗起义前方声洞致父绝笔书

意呢？……我当然愿意与你相守到死，但现在的局势，天灾可以使人死，盗贼可以使人死，列强瓜分中国可以使人死，贪官污吏虐待百姓可以使人死，我们这辈人生活的中国，无时无地不可以使人死。……即使能不死，但是夫妻离别不能相见，……这比死还要痛苦。今天我和你有幸双双健在，天下不应当死却死了和不愿意分离却分离的人，不可计数，我们能忍受这种事情吗？这正是我敢于率性去死而不顾你的缘故啊！"

另一名革命志士方声洞在写给父亲的绝笔书中说："父亲大人在上，这是儿子最后一次亲笔给您写信。当这封信送到家时，儿已不在人世……男儿在世，若能够建功立业，使祖国强大，使同胞幸福，奋斗而死，这是最大的快乐。为祖国而死，义不容辞。儿已 26 岁了，对于家庭本有应尽之责任，只是因国家不能保，则身家也不能保，即使为身家计，也不得不死中求生。儿今日竭力革命，尽国家之责任，也就是保卫身家啊！他日革命成功，我家之人皆为中华新国民，子孙万世共享太平，则儿虽死也瞑目于地下了。"

这些感人肺腑的绝笔书，表现了革命党人为祖国和人民勇于捐躯的崇高精神，是中华民族永远的、弥足珍贵的精神财富。

1911 年 4 月 27 日，起义的日子到了。这天下午，黄兴发表完演说后，便率领"敢死队"冲向总督署。起

黄花岗起义七十二烈士之墓

义者迅速打垮了卫队，占领了总督署。两广总督张鸣岐听到枪声，便从后墙逃跑了。接着，起义者放火烧了总督署，又分兵三路，攻打督练公所、小北门和大南门。壮士们战斗得极为英勇。黄兴被打断了右手两指，依然以断指继续射击。喻培伦胸前挂着满满一筐炸弹，奋勇当先，所向披靡。由于种种原因，这次起义的队伍未能全部到齐，最后只有黄兴率领的队伍参加了起义，因此兵力严重不足，难以应对大量清军。三路起义军经过英勇战斗后，都失败了。黄兴退到一家商店内，在店中伙计的帮助下逃出了城。

这次起义共被捕29人，在审讯和被害过程中，他们大义凛然，坚强不屈，表现出了"惊天地、泣鬼神"的英雄气概。林觉民被捕后，张鸣岐亲自审问他。林觉民在堂上发表演说，反劝官员们投向革命。他在狱中一滴水也不喝，就义时神色自若。陈可钧在审讯时说："起义虽然失败，但能唤醒同胞继续奋斗，我已满足了！"陈更新对清朝官员说："杀身成仁，哪是你们这些鼠辈所能理解的！"最后，这29人都被杀害了。

革命党人潘达微冒着生命危险收集起这次起义中的遇难者遗骸，共收集到72具，安葬在广州白云山麓。这个地方原名叫红花岗，潘达微将它改名为黄花岗，后来人们将埋葬在这里的遇难起义者称作"黄花岗七十二烈士"，这次起义也被称为"黄花岗起义"。事实上，这次起义的遇难者不止72人，经陆续调查，还有其他牺牲者14人。

黄花岗起义的失败对同盟会是一个巨大的打击。孙中山曾说："吾党菁华，付之一炬。"但是，黄花岗起义进一步激发了各地革命党人和人民群众的革命精神，不到半年，辛亥革命就爆发了。

III

革命风暴

1. 保路运动

20 世纪初，中国的铁路、矿业逐渐发展。西方列强为攫取利益，扩大势力范围，依仗清政府的支持，争相与中国人民争夺筑路、开矿权利。中国人民则掀起了自办铁路、矿业，保卫利权的风潮。川汉、粤汉铁路的争夺就是其中一例，它所引发的保路运动则成为辛亥革命的导火索。

计划修筑的川汉铁路，连接四川成都与湖北武汉。1903 年，四川总督锡良奏请修筑川汉铁路，得到清政府批准。但四川财政无力承担修筑费用，锡良就在税收中强制加征"租谷",然后用这笔钱建立起了川汉铁路公司。遗憾的是,川汉铁路公司腐败不堪,数年过去了,却没修建1米铁路,取之于民的筑路资金大部分被挪用、贪污、亏空了,这引起了四川人民的强烈不满。1909年,四川谘议局成立,第一次会议就议定处理川汉铁路公司,重新组织股东会和董事局。经过改组,谘议局中的立宪派罗纶、萧湘等人控制了川汉铁路公司。

当时,西方列强都把修筑铁路视作扩张势力范围的最好工具。它们以武力作后盾,凭借强大的经济实力,想尽一切办法在中国境内修建铁路。它们控制的铁路延伸到哪里,哪里就会成为它们的势力范围。1911年5月,经过一番争斗和妥协,英、法、德、美组成四国银行集团与清政府签订了借款协定,并约定清政府向四国银行集团借款600万英镑修筑川汉、粤汉铁路。

在此之前,四川、湖北、湖南、广东人民已经在集资修筑川汉、粤汉铁路。为给四国银行集团借款协定扫清道路,清政府发布上谕,宣布实行全国铁路干线国有政策，不准人民集股商办，已有的商办铁路干线由国家收回。这一上谕激起了全国人民的反对，尤以四川最为激烈。在此情况下，清政府邮传部尚书盛宣怀和督办粤汉、川汉铁路大臣端方又拟定出一套不近情理的川汉铁路收回办法，其中规定：已使用的和公司现存的修路款概不退还，一律换发国家铁路股票，对于已亏空的修路款则不予承认。按照这个办法，四川人民缴纳的修路款将损失大半，而且无法收回。消息传开，四川各界激愤不已，纷纷痛斥清政府"干线国有"政策是以国有为名劫夺民资、出卖路权，实际上酿下了引狼入室的祸端。一些立宪派官员看出了祸端，上书恳请清政府暂缓接收川汉铁路，并用现金如数退还修路款，但清政府断然拒绝，还严厉斥责了执行不坚决的四川总督王人文。

揭露清政府出卖路权的漫画

6 月 17 日，四川立宪派发起成立了"四川保路同志会"，号召全川人民拼死"保路"，

四川总督赵尔丰制造
"成都血案"后发布
的布告，被四川人民
逐条批驳

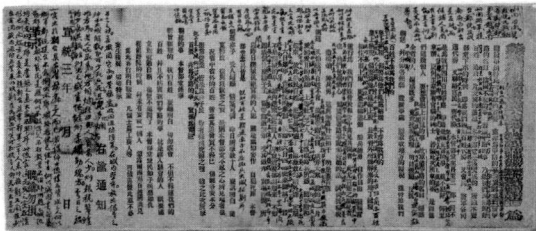

推举蒲殿俊、罗

纶为正副会长，发布《保路同志会宣言书》，派人赴各地

讲演，并推举代表赴京请愿。全川各地纷纷响应，成立

保路分会，会员达到数十万。8月25日，四川各界开始

罢市、罢课、罢税。9月1日，川汉铁路股东会通过决

议，拒绝纳税，并且不承认任何外债。

　　四川人民的反抗威胁到了清政府的统治，清廷严令

新任四川总督赵尔丰进行镇压，并派端方从武汉带兵赴

四川查办。9月7日，赵尔丰把蒲殿俊、罗纶、邓孝可、

张澜等保路运动的领导人骗到总督署，随即进行逮捕，

企图造成群龙无首的局面，以此扑杀保路运动。消息传

开，成都人民纷纷涌进督署请愿，要求释放被捕的蒲、

罗等人。面对手无寸铁的请愿群众，赵尔丰命令卫队开

枪射击，当场打死32人，受伤者不计其数。与此同时，

赵尔丰指使警察在靠近总督署的联升巷放火，污蔑群众

发动暴动。他还下令 3 日内不准收尸，结果第二天天降大雨，导致鲜血流遍街头，惨不忍睹。此外，赵尔丰发布戒严令，封闭了城门，逮捕保路同志会成员，查封了所有宣传保路斗争的报刊。

"成都血案"发生后，一些同盟会会员把消息写在木片上，涂上桐油，包上油纸，投入成都南门外的锦江中，制成"水电报"，传达至四川各地。四川人民被血腥的屠杀激怒了，他们揭竿而起，组织起多路民军达 20 多万人，从四面八方把成都围住，与清军战斗数百次，多次重创清军。至此，保路运动已由保路同志会的文明争路，演变成了全川人民的武装大起义。

赵尔丰一面派兵四处镇压，一面向清政府求援。警情传到北京，以摄政王载沣为首的清廷吓得手足无措，时而主张剿灭，时而又主张安抚，不知如何是好。最后清廷决定调遣附近各省清兵赴四川镇压。结果，就在端方从湖北带兵西上不到一个月，兵力空虚的武昌发生了起义，并迅速发展成席卷全国的辛亥革命。

2. 武昌起义

新军是清末"新政"以来建立的装备新式武器的军队。在清朝新军中，湖广总督张之洞编练的湖北新军的实力仅次于袁世凯的北洋新军。张之洞练兵时，比较注重士兵的文化素质，要求招募的士兵能识字、通文理，因此很多知识分子进入了湖北新军。张之洞还创办了许多军事学堂，从士兵中选择优秀者进行培训，并在军营中设立阅览室，让士兵们读书看报。这些有文化的士兵在读书看报时，了解到了列强入侵中国和国内政治腐败不堪的黑暗现实，很容易产生革命思想。

与此同时，革命党人也积极在湖北新军中开展活动，建立革命团体，发展会员。湖北新军中的革命团体有日知会、湖北军队同盟会、群治学社、振武学社、文学社、共进会等。革命党人在新军中的组织活动取得了很大成效，很多部队中革命团体的会员竟占了一多半，再加上有革命倾向者，革命力量在湖北新军中已占据优势。

至 1911 年，文学社和共进会发展成为湖北新军中两个最大的革命团体。文学社一直以新军士兵为发展对象，而共进会初期发展重点是会党，后来也转向新军。起初，两个团体都是独立活动。5 月，为了共同的斗争目标，文学社和共进会达成合作协议。9 月 24 日，他们在武昌胭脂巷 11 号召开联合大会，商量起义计划。会议制订了详细的起义计划，确定 10 月 6 日中秋节为起义日期，由驻城外塘角的混成协辎重队放火作为起义信号，城内的工程第 8 营负责占领楚望台军械库和中和门，接应城外的炮队、马队、步队等进城攻击总督署，还对各支部队的任务做了具体部署。会议推举蒋翊武为临时总司令，孙武为参谋长，还推举了起义成功后成立的军政府的各部成员。

在革命党人加紧筹备起义之际，南湖炮队中的革命士兵与军官发生冲突，引发了小规模暴动，惊动了湖北当局。湖广总督瑞澂下令把各营士兵的子弹全部收缴，提前一天过中秋节，八月十五戒严，不准士兵外出，还调来 3 个巡防营加强防卫。据此，起义总指挥部决定将

起义军攻占武昌后，在汉阳门戒严

起义时间推迟到 10 月 11 日。

　10 月 9 日，又发生了意外。孙武等人在汉口俄租界宝善里 14 号装配炸弹时，在旁观看的人不小心使纸烟屑飞入炸药，引发了爆炸，孙武负伤逃走。俄国巡捕闻声赶来，把机关内存放的炸药、旗帜、文告等抄走，并逮捕了住在附近的几个革命者，又将他们引渡给湖北当局。瑞澂下令紧闭城门，搜捕革命者。起义总指挥部当机立断，决定当晚以南湖炮队鸣炮为号，发动起义。蒋翊武、刘复基、彭楚藩等人在总指挥部正准备出发时，军警突然进来搜捕，蒋翊武逃脱，刘复基、彭楚藩不幸被捕。革命党人杨宏胜在运送炸弹时也被捕。由于城内戒备森严，起义命令未能传达到城外，因此当晚起义未能发动。第二天，被捕的刘复基、彭楚藩、杨宏胜英勇就义。

3位革命志士被害，使革命党人悲愤到了极点。虽然清政府仍在继续大肆搜捕，革命力量已失去指挥，但各部队革命党人决定按照先前的计划自行发动起义。10月10日晚7时左右，城外塘角燃起熊熊大火，混成协第21营辎重队、工程队、炮队随即起义，向武昌城进发。在城内，工程第8营打响了第一枪。熊秉坤率领起义士兵击毙了阻拦的军官，占领了楚望台军械库，打开中和门，迎接城外的炮队第8标、马队第8标、步队第32标进城。

起义的各路人马纷纷会集起来共同进攻总督署。湖广总督瑞澂和第8镇统制张彪率领部分士兵在总督署负隅顽抗。正值黑夜，革命军为了给炮兵照明轰击目标，决定点燃靠近总督署的民房。房屋居民在得知是为了攻打清兵后，不顾自家的损失，主动找来引火物。房子点燃后，火光冲天，炮兵看清了目标，命中率大大提高，打得躲在总督署里的瑞澂如热锅上的蚂蚁。至黎明时分，经过一夜血战，起义军占领了总督署，瑞澂逃至长江中

武昌起义军在原湖北谘议局成立湖北军政府

的兵舰上，武昌全城光复。居民推门出来，只见满城都是臂缠白巾的革命军，一面醒目的十八星旗在城头迎风招展。11日、12日，汉口、汉阳相继光复。

起义胜利了，起义者在湖北谘议局建立了湖北军政府。由于当时知名的革命领导人都不在武昌，缺乏政治经验的革命者没有认识到掌握革命政权的重要性，他们决定推举新军中地位较高的协统（旅长）黎元洪为军政府都督。黎元洪本来不愿革命，起义时跑到一个部下家里躲藏起来，革命军把他搜出来，强令他出任都督，并以他的名义发布了布告。

在推举有声望的人做领导人这一传统思想的影响下，湖北谘议局中的立宪派领袖，如汤化龙、胡瑞霖等人，也进入军政府担任要职。这样，武昌起义后建立的湖北军政府就成为一个包含革命党人、旧官僚、立宪派三种政治力量的政府。

武汉素有"九省通衢"之称，是长江中游的中心城市，武昌起义的成功对全国产生了重大影响。之后，各省纷纷响应，在全国掀起了汹涌澎湃的辛亥革命。

3. 辛亥烽火

武昌起义后，其他各省的革命党人纷纷响应，形成了席卷全国的辛亥革命。

最先响应的省份是湖南。湖南与湖北联系紧密，两省革命党人一直相互支持。在武昌起义前，两省革命党人就约定，如一省首先起义，另一省随即响应。武昌起义后，湖南巡抚余诚格为防备新军起义，命令驻长沙的新军一律开往株洲。在紧急时刻，湖南革命党人焦达峰、陈作新等决定立即发动起义。

1911 年 10 月 22 日，新军第 49 标以吹哨为号，迅速集合，打开军械库，取出枪械弹药，分三路进攻长沙城。负责守城的巡防营倒戈，敞开城门，使起义新军长驱直入。起义军迅速占领了巡抚衙门，巡抚余诚格先挂起白旗假装投降，随后化装潜逃。起义军随之成立了以焦达峰为都督的湖南军政府。湖南光复后，立即派出军队奔赴武汉，既稳定了武汉后方，也有力地支援了武汉保卫战。

武昌起义后，与湖北相邻的江西也立即震荡起来。革命党人蒋群从武汉抵达九江，和当地革命党人一起策动起义。10月23日晚，九江城外金鸡坡炮台3声炮响吹响了起义的号角。新军53标刚刚向城内发起进攻，当地官员便闻风潜逃，起义军得以兵不血刃地占领了九江城，成立了九江军政府。九江军政府参谋长李烈钧下令封锁长江，断绝了汉口清军的水路供应，支援了武汉的革命军。九江光复和封锁长江，还使正在武汉作战的清朝海军的供应线受到威胁。在革命党人推动下，海军各军舰挂起白旗，加入了革命阵营。海军起义使革命声势大振，有力推动了长江沿线各省的起义。10月31日，南昌的新军也发动起义，光复了南昌。

在北方，陕西和山西响应武昌起义，宣布独立。陕西的革命党人和会党结成联盟，在新军中有很大势力。他们于 10 月 22 日发动起义，攻下满族官员和士兵聚集的满城，占领了西安，成立了以张凤翔为大统领的"秦陇复汉军政府"。陕西的光复推动了山西革命。山西巡抚陆钟琦企图把倾向革命的新军调出太原，换以守旧的巡防营。新军则以没有弹药为理由，不肯出发。于是，陆钟琦不得以发放了一些弹药。领到弹药后，新军即在姚以价、阎锡山带领下发动起义，攻占了巡抚衙门。陆钟琦被当场击毙，山西起义军随即成立了以阎锡山

革命军攻打陕西乾州城

为都督的军政府。

山西独立，严重威胁到北京的安全。清政府当即派吴禄贞率领新军第6镇镇压山西革命军。但吴禄贞也是革命党人，在日本留学时他就加入了同盟会。吴禄贞和阎锡山、姚以价等约定组成燕晋联军，直捣北京。可是由于吴禄贞在石家庄被袁世凯派人刺杀，燕晋联军的计划未能实现。

云南是西南各省中首先响应武昌起义的省份。而位于昆明的云南陆军讲武堂是革命党活动的中心，革命党人李根源则是讲武堂的创办者和负责人，曾留学日本。他回国创办讲武堂时，从日本士官学校的中国留学生中招收了很多革命党人担任教官。云南新军中的很多军官都是日本士官学校或云南陆军讲武堂的毕业生，他们都倾向革命。任新军协统的蔡锷虽然是改良派梁启超的学生，但他是一位真诚的爱国者，同革命党人相处融洽，同情革命。

武昌起义后，云南的革命党人推蔡锷为总指挥，决定在10月30日（农历九月九日）发动起义。当天夜晚，

历史掌故

蔡锷讨袁

　　蔡锷是中国近代史上杰出的爱国军事将领，他一生做了两件大事：一件是辛亥革命时期在云南领导了推翻清朝统治的新军起义；另一件是 4 年后积极参与反对袁世凯称帝、维护民主共和国政体的护国军起义并取得成功。袁世凯称帝前，特意打着让蔡锷来北京养病的旗号将他调离云南，剥夺其军权，并对其进行严密监视。蔡锷进京后，很快察知袁世凯企图恢复帝制的阴谋，积极与梁启超等人秘商"倒袁"计划。为避免袁世凯猜疑，蔡锷故意在公开场合批驳梁启超，并积极表态"赞成帝制"，同时佯装胸无大志，经常混迹于八大胡同。袁世凯错以为蔡锷真的沉湎于酒色，从而放松了监视，蔡锷则寻机从北京突然潜回云南，与唐继尧、李烈钧等人起兵讨袁。南方各省亦纷纷宣布独立，加入反袁大军，袁世凯被迫宣布取消帝制，数月后离世。

　　由于在分发子弹时被敌人察觉，李根源集合队伍提前发动了起义。他们搭人梯翻越城墙入城，攻向军械局及五华山清军阵地。清军第 19 镇统制钟麟同还不知道蔡锷已加入革命，遂命令他带领军队进城"平叛"，蔡锷则乘机率起义军加入战斗。经过激战，起义军攻占了军械局和总督署，云贵总督李经羲被俘，昆明全城处于起义军的控制之下。11 月 3 日，云南军政府成立，蔡锷为都督。

上海作为当时全国的经济、文化中心，既是革命党人的活动基地，又是立宪派的大本营。上海的革命团体主要是谭人凤、宋教仁、陈其美等人领导的同盟会中部总会与李燮和领导的光复会。武昌起义后，两个革命团体携手合作，开始筹备上海的起义。

这时的立宪派也已看穿了清政府的"伪立宪"骗局，开始转向民主共和，其中立宪派的沈缦云、叶惠钧、王一亭等人还加入了同盟会。通过他们的关系，同盟会领导人陈其美与上海的资本家领袖李平书等人建立起密切关系，促成了革命派与立宪派的联合，掌握了商团武装。"以冒险为天职"的陈其美还得到了上海帮会的支持。11 月 3 日，光复会的李燮和、陈汉钦等领导巡警和士兵在闸北、吴淞首先起义。随后，陈其美率领商团、学生、"敢死队"进攻清军聚集的江南制造局。陈其美只身一人进入制造局劝说敌人投降，结果被扣押。起义军奋起

上海革命军占领江南制造局东路大门

进攻，李燮和率吴淞军警也赶来支援，在制造局内工人的响应下，起义军攻下了制造局，救出陈其美。11月6日，上海军政府成立，陈其美被推举为都督。

上海光复，对江苏、浙江有很大影响。上海光复后，立即派出民军赴苏州号召响应。11月5日，新军和民军入城，占领各处机关，要求江苏巡抚程德全宣布独立。程德全是立宪派成员，政治上比较开明，与上海立宪派领袖联系密切。他当即宣布江苏独立，并出任设在苏州的江苏都督府都督。由于江苏的光复太过于和平，程德全还特意命人用竹竿将大堂上的屋檐挑去几片瓦，以制造革命"气氛"。

浙江则是经过当地和上海派来支援的革命党人的奋勇战斗，打败盘踞杭州的旗营武装，才建立起浙江都督府。立宪派的汤寿潜被推举为浙江军政府都督。

此时，盘踞在南京的清军有 2 万人，两江总督张人骏和清军将领铁良、张勋还在此负隅顽抗，对已光复的革命政权形成严重威胁。上海、江苏、浙江各都督府立即组织起江浙联军，合力进攻南京。在付出重大牺牲后，江浙联军攻占了制高点紫金山天保城，南京得以暴露在革命军炮口下。张人骏、铁良、张勋见大势已去，连夜逃走，南京光复。古都南京当时是长江下游的政治中心，它的光复是革命军取得的一个重大军事胜利。

从 10 月 10 日武昌起义爆发始，不到 2 个月，全国已有湖北、湖南、江西、陕西、山西、云南、贵州、四川、安徽、江苏、浙江、福建、广东、广西 14 个省宣布独立，清政府的统治崩溃在即。

IV 第四章
走向共和

1. 中华民国成立

武昌起义后，随着全国各省纷纷独立，创建统一政府成为迫切任务。11月中旬，在上海组成了各省都督府代表会，商讨组建统一政府。由于武汉是首义之地，各省都督府代表会一度迁往武汉，后来又随着战局的变化迁至南京。在陈其美、宋教仁等人的努力下，革命派在代表会中占据了优势。他们不希望由黎元洪出任大总统，遂推举黄兴与之竞争。12月，众望所归的革命领袖孙中山从海外归来。12月29日，各省都督府代表会选举孙中山为临时大总统。

1912 年 1 月 1 日，孙中山在南京就任临时大总统，改国号为中华民国。孙中山在就职典礼上宣读誓词："倾覆满洲专制政府，巩固中华民国，图谋民生幸福……"孙中山还发布了《临时大总统宣言书》和《告全国同胞书》，提出中华民国临时政府的任务是扫除专制之流毒，确立共和。

孙中山任命了中华民国临时政府各部部长。南京临时政府中，各部总长大多是立宪派和旧官僚，而次长绝大多数是革命党人，根据"部长取名，次长取实"的原则，革命党人掌握了领导权。孙中山还任命宋教仁为法制局局长，胡汉民为总统府秘书长。

1 月 11 日，各省都督府代表会议决定以五色旗为中华民国国旗，红、黄、蓝、白、黑 5 种颜色分别代表汉、满、蒙、回、藏 5 个民族，寓意"五族共和"。

1 月 28 日，在各省都督府代表会基础上，临时政府成立了临时参议院。

3 月 11 日，经临时参议院议决后，临时大总统孙中山签署并公布了《中华民国临时约法》（后简称《临时约

上海各界欢送孙中山赴南京就任中华民国临时大总统

法》)。《临时约法》具有资产阶级宪法的性质，它的颁布是中国宪法史上划时代的大事。

《临时约法》共7章56条。第一章为《总纲》，规定：中华民国由中华人民组织之；中华民国之主权，属于国民全体；中华民国领土为二十二行省、内外蒙古、西藏、青海；中华民国以参议院、临时大总统、国务员、法院行使其统治权。第二章《人民》规定：中华民国人民一律平等，无种族阶级宗教之区别；人民享有人身、居住、财产、言论、出版、集会、结社、宗教信仰等自由；人民有请愿、诉讼、考试、选举及被选举等权利；

人民有纳税、服兵役等义务。其他各章分别是《参议院》《临时大总统副总统》《国务员》《法院》和《附则》。

《临时约法》体现了民主、共和精神和"天赋人权""自由、平等、博爱"等思想。它以国家根本法的形式宣布所有人民一律平等，享有各项自由和权利，这对于封建时代饱受压迫的人民群众来说是闻所未闻的，是一次伟大的思想解放。

南京临时政府还发布了许多除旧布新的法令。一，改用公历，以中华民国纪年。二，剪掉辫子。满族入关后强迫男子一律留辫子，并曾屠杀很多不愿留辫子的人民。推翻清王朝的统治后，剪掉象征民族压迫的辫子是革命胜利的自然结果。三，禁止刑讯。在审判中进行刑讯逼供是一种野蛮的做法，被近代文明社会所不容，孙中山发布命令禁止刑讯，改用罚金或拘留。四，劝禁缠足。中国古代以女子病态的"三寸金莲"式小脚为美，提倡女子缠足，严重损害了妇女的健康，也是对妇女人格的侮辱。中华民国成立后，孙中山下令各省劝禁缠足，违者予以处罚。五，禁止买卖人口。买卖人口违背人人平等原则，南京

南京临时参议院开幕典礼合影

临时政府发布命令，从前的买卖契约一律废除，改为雇佣关系，保护被雇佣者的人身自由。此外，南京临时政府还颁布了严禁鸦片、禁止赌博、保护华侨等法令。

中华民国建立后，社会呈现出一派新气象。南京临时政府非常廉洁，上至大总统，下至一般职员，都没有支付高额薪水，只是发给每人财政部发行的军用券30元。蔡元培就任教育总长后，有人前往祝贺，刚好遇见这位总长自己在洗衣服。

临时大总统孙中山在用人方面是"任人唯贤"，而不是"任人唯亲"。他的哥哥孙眉为革命立下了很多功劳，有人想推举他为广东都督，但孙中山坚决不同意。

有一位 80 多岁的老者，专程从扬州赶赴南京想一睹大总统风采，但在传达室被门卫阻拦。孙中山知道后，立即接待了他。孙中山正要跟他握手，而这位长者却扔掉拐杖，跪在地上，行封建时代叩见君主的三跪九叩大礼。孙中山急忙将他扶起，说："总统在职一天，就是国民的公仆，是为全国人民服务的。"长者问："总统若是离职呢？"孙中山回答："总统离职后，又回到人民的队伍里去，和老百姓一样。"长者感慨地说："今天我总算见到民主了。"

历史掌故

剪发风波

辛亥革命成功后，各地军政府纷纷成立剪辫队，或者巡查于街市，或者盘踞于城门，手持大剪刀，看见留辫子的人，拉过来直接剪掉。讽刺的是，此时的清政府由于经过"新政"时期的历练，早已不太在乎脑后那根辫子，一些赶时髦的满族人甚至也剪了辫子。倒是很多汉族百姓习惯成自然，留恋发辫，想出种种办法抗拒。直到 20 世纪 40 年代，在一些不开化的内地，好多男人脑后还留有辫子。

2. 南北议和

南京临时政府虽然成立了，但是它管辖的范围只限于脱离清政府的 14 个省，北方广大地区还在清政府的统治之下。清政府为扑灭革命之火，急派陆军大臣荫昌率领北洋新军赶赴湖北进行镇压。然而，这支由袁世凯一手训练出来的军队在荫昌手下并不卖力。

1909 年，袁世凯被摄政王载沣罢免，令其回老家养"脚病"。袁世凯回到老家后，表面上与世无争，整天悠闲地在河边钓鱼，实际上暗藏心机，与各种政治势力保持密切联系，随时准备东山再起。

武昌起义后，清政府无奈之下只得重新启用袁世凯。袁世凯对清政府趁火打劫，提出 6 个条件：明年开国会，实行立宪；组织责任内阁；宽容参与此次事变的人；开放党禁；必须给予指挥水陆各军和军队编制的全权；必须保证充足的经费。清政府起初不肯答应，后因各省纷纷独立，统治大厦摇摇欲坠，被迫给予袁世凯指挥军队的全权，后来又任命他为内阁总理大臣，进京组建完全内阁。

袁世凯是个善于在乱局中谋取最大利益的人。他上台后，一方面对清政府不断要挟勒索，另一方面则对革命军玩弄两面做法，又拉又打，先是命令北洋军猛烈进攻，攻下汉口、汉阳，后来又下令停止进攻，放出与革命军妥协的风声。

在革命阵营内，由于革命者缺乏政治经验，许多旧官僚和立宪派掌握了很大权力，这些人缺乏顽强的斗志，随时准备与敌人妥协。如立宪派领袖张謇与袁世凯关系密切，他很早就与袁世凯暗中联系，希望其出任新政

清政府准备派往武汉镇压起义的北洋军

府的领导人。此外，一部分革命者对革命宗旨存在错误的认识，认为这次革命任务只是反对满族统治者，如果袁世凯这样的汉族官员能够取代清政府的满族统治者，建立汉族人领导的政府，也算完成了革命任务。

由于这些人的存在，革命阵营内妥协思想非常浓厚。孙中山等革命者虽然希望将革命进行下去，但一方面受到妥协力量的很大制约，另一方面担心帝国主义列强干涉，因而无法将革命主张贯彻到底。

帝国主义列强中，最为贪婪的是日本和俄国，它们企图乘中国革命之机瓜分中国的东北，但是它们的意图遭到了英国、美国、德国和法国的反对。英国的在华利益主要在长江流域，因担心武装干涉会损害自身利益，便警告日本不得对中国采取单独的干涉行动。美国在中国的兵力不占优势，遂提出列强在华"一致行动"的原则，以便牵制日本。德国与法国忙于欧洲事务，不希望打破远东的"均势"。而法国是俄国的盟国，俄国不得不考虑法国的主张。

在这种形势下，英国提出选择袁世凯为列强代理人，促使北方与南方议和。这一主张得到了列强的呼应。于是，在英国公使朱尔典的支持下，袁世凯加紧促成南北议和，希望借此夺取革命果实。

袁世凯派唐绍仪为议和全权代表南下上海，与南方独立各省推举的议和代表伍廷芳进行议和谈判。

12月18日，双方在上海英租界南京路议事厅举行了首次会谈。除双方代表外，参加会议的还有英、美、日、俄、德、法各国驻沪总领事及外商代表。会谈第3天，6国向双方代表发出照会，以施加压力，声称

南方议和代表伍廷芳

北方议和代表唐绍仪

中国的革命使外国人的生命财产遭受危险，各国有义务提醒双方代表尽快达成和解。

表面看来，谈判双方所争论的是采取民主共和还是君主立宪的政府形式，但事实上，会谈的关键问题在于由谁来掌握政权。袁世凯并不真正主张君主立宪，他的策略是以手中的北洋军为筹码，一面以君主立宪向革命党讨价还价，一面以革命党要求共和来逼清帝退位，利用革命阵营的妥协倾向和清廷的困境为自己争取最大的利益。革命党人已经屡次公开表示，如果袁世凯赞成革命，就推举他为共和国总统。袁世凯对此早已心领神会，他进行和谈的目的，就是要取得革命党人推举他做总统的保证。

谈判地点上海是立宪派的大本营，立宪派领袖张謇、赵凤昌与南北双方都有密切联系，妥协的愿望也最强烈，他们在革命党人和袁世凯之间积极斡旋，出谋划策，对议和产生了重大影响。虽然正式的谈判场所是南京路议事厅，但双方代表伍廷芳和唐绍仪的多数会谈都是在赵凤昌的住所"惜阴堂"中进行的。唐绍仪接到北京来的

人物故事

赵凤昌

　　赵凤昌是清末民初的传奇人物，也是很有影响的立宪派代表。他少年时因家贫辍学，在一家钱庄做伙计，经常给一位姓朱的富商家送银子。后来因为耍小聪明，挪用钱庄的银子，被老板辞退。朱姓富商得知后，不仅不认为他人品有亏，还劝他去读书，求取功名。赵凤昌表示自己不想读书，只想到朱家当个小伙计。朱姓富商坚决认为他当伙计是大材小用，不容分说，自己出钱给他捐了个小官，并认定他将来前途无量。后来，赵凤昌做了张之洞的幕僚，备受赏识。张之洞每有要事必与其商量。1900年庚子之变，赵凤昌在幕后一手促成了张之洞与刘坤一、李鸿章联手发动"东南互保"。1912年初，僵持不下的孙中山与袁世凯先后写信给赵凤昌，请他出山辅佐。赵凤昌虽先后婉拒，但在幕后审时度势，以布衣的身份，一手促成了中华民国的诞生。

电报后，也往往会打电话找赵凤昌商量，而不是找南方正式代表伍廷芳。

　　议和期间，南京临时政府成立，孙中山当选临时大总统。袁世凯大为恼火，他命令唐绍仪辞去议和代表职务，停止议和，质问南方革命者："选举总统是何用意？"
孙中山就任临时大总统后，公开表示，如果袁世凯能够
促成清朝皇帝退位，则辞去大总统职位，选举袁世凯为
大总统。张謇也向袁世凯保证，一旦清帝退位，南方就
会推举他为大总统。袁世凯得到南方的切实保证后，加
快了向清廷逼宫的步伐。

3. 清帝退位

推翻清朝政府的统治是革命党人进行革命的首要目
标，也是袁世凯取得最高权力的必要一步。而帝国主义
列强则看到清朝政府大势已去，也决定不再支持它，转
而选定袁世凯为新的代理人。内外交困下的清王朝，已
经走投无路。

袁世凯从南方得到推举他为大总统的保证后，便开
始加紧逼宫。他授意任驻俄公使的党羽陆徵祥联合清政
府驻各国的公使致电清廷，要求清帝退位。他把与南方
谈判达成的清帝退位优待条件告知庆亲王奕劻，声称这

儿时的清朝末代皇帝溥仪

是替清廷争取到的最好条件，如果仍不接受，南北之间必然再启战争，而结局则不堪设想。1912年1月16日，袁世凯以内阁总理身份率全体大臣上奏朝廷，宣称大局岌岌可危，叛乱省份众多，战线广阔，无力筹措巨额军费，而南方起义军万众一心坚持共和，不容商议，时间一久，外国列强难免要进行干涉。他劝清廷顺应大势和民心，早日退位。

清廷隆裕太后在养心殿召集王公贵族，举行了御前会议，讨论是否退位的问题。这些王公贵族虽然都反对退位，但对应付时局又都束手无策。有人主张拿出宫中的金银器皿作为军费，与革命军拼死一战。但隆裕太后已没有信心了，她说："胜了固然好，要是败了，连优待条件也没有，岂不是要亡国么？"

袁世凯的逼宫遭到了一部分年轻的王公贵族的激烈

清朝皇帝退位诏书

反对。他们组成了一个反对清帝退位的宗社党，扬言要杀死袁世凯，发动禁卫军拼死一搏，闹得整个北京城内人心惶惶。

1月26日，革命党人彭家珍炸死了宗社党首领良弼。良弼一死，宗社党闻风丧胆，纷纷逃离北京，躲藏到天津、大连、青岛的租界。就在良弼被炸死的同日，在袁世凯的授意下，北洋军段祺瑞、曹锟等46名将领联

旨朕钦奉

奉

隆裕皇太后懿旨前因民军起事各省响应九夏沸腾
生灵涂炭特命袁世凯遣员与民军代表讨论大局
议开国会公决政体两月以来尚无确当办法南北
睽隔彼此相持商辍於途士露於野徒以国体一日
不决故民生一日不安今全国人民心理多倾向共
和南中各省既倡议於前北方诸将亦主张於後人
心所嚮天命可知予亦何忍因一姓之尊荣拂兆民
之好恶是用外观大势内审舆情特率皇帝将统治
权公诸全国定为共和立宪国体近慰海内厌乱望
治之心远协古圣天下为公之义袁世凯前经资政
院选举为总理大臣当兹新旧代谢之际宜有南北
统一之方即由袁世凯以全权组织临时共和政府
与民军协商统一办法总期人民安堵海宇乂安仍

名发出通电，要求清廷下旨实行共和，并对清廷进行赤
裸裸的武力威胁。隆裕太后见大势已去，只好发布上谕，
授袁世凯以全权与革命党人商谈清帝退位的条件。

南北议和过程中，袁世凯以保留清朝皇帝、实行君
主立宪作为向革命党人施压，谋取政治利益的筹码。南
方革命党人为减少革命阻力，也同意对退位的清朝皇室
给予优待。经过多次磋商，双方拟定了优待皇室的条件：

清帝退位后，保存名号；暂时仍居住在紫禁城，日后移居颐和园；每年由政府拨款400万元供其花销；保护原有财产；皇室陵墓宗庙可以继续供奉，等等。

立宪派首领张謇草拟了清帝退位诏书，经南京临时参议院讨论后，转达袁世凯。袁世凯略加改动，送达隆裕太后。1912年2月12日，6岁的清朝皇帝溥仪由隆裕太后代行颁布退位诏书，宣布退位，同时下旨接受优待条件。在轰轰烈烈的辛亥革命的打击下，统治中国268年的清王朝终于覆灭了。

清帝退位第二天，孙中山履行将总统职位让与袁世凯的诺言，向南京临时参议院提出辞职，并推荐袁世凯为临时大总统。2月15日，临时参议院选举袁世凯为临时大总统。

孙中山向临时参议院提出辞职时，附有3个条件：（1）临时政府地点设在南京；（2）新总统须到南京就任后，现总统才辞职；（3）新总统必须遵守《临时约法》。孙中山想以此约束袁世凯，防止他实行封建军事独裁。

袁世凯被推举为临时大总统后，南京临时政府即派

袁世凯在北京就任临时大总统

蔡元培等人为专使，赴北京迎接袁世凯南下。但袁世凯深知北京才是自己的势力中心，不肯离开北京。他指使北洋军在北京发动兵变，士兵在北京城内大肆放火抢劫，天津、保定也受到波及，银行、铁路局遭到抢劫，许多民房和店铺被放火焚毁。袁世凯借口北方局势不稳，要求在北京就职。

袁世凯的阴谋最终得逞，南京方面同意了他在北京就职。3月10日，袁世凯在北京宣誓就任临时大总统。袁世凯提议唐绍仪为国务总理，而孙中山等人主张由同盟会成员担任。双方一度争持不下，最后经赵凤昌提议，以唐绍仪加入同盟会并出任总理的方案平复了争执。

4月1日，孙中山正式卸任临时大总统。此后，临时政府、临时参议院迁往北京，新生的中华民国完成了国家形式上的统一。政府大权转到了袁世凯的手中，中华民国开始了北洋军阀统治的时代。

4. 共和招牌

辛亥革命推翻了清王朝的统治和持续了 2 000 多年的封建帝制，但是并没有使中国走上革命党人为之奋斗的民主共和之路。袁世凯就任临时大总统后，中国进入北洋军阀统治时期，民主共和制度名存实亡。这一时期政治动荡，军阀混战，人民遭受诸多苦难。

1912 年 3 月 10 日，袁世凯就任临时大总统后，任命唐绍仪为国务总理组织内阁。包括刚刚加入同盟会的唐绍仪在内，这个内阁中共有 5 名同盟会成员，形式上占到了阁员的半数。很多革命党人认为革命目的已经达到，普遍存在"功成身退"的思想。如革命领袖孙中山本人就认为，政治上的革命如愿以偿，以后应当从事社会经济建设。他表示愿意献身铁路建设，袁世凯顺水推舟，任命他为全国铁路督办。黄兴也辞去了"南京留守"的职务，隐退于上海。

同盟会中以宋教仁为首的一部分人则主张以"议会政治"为武器，与袁世凯进行合法的政治斗争，积极投身于中国民主政治建设。宋教仁推动同盟会改组为国民党，在第一次国会选举中，国民党大获全胜。兴奋不已的宋教仁准备北上北京组阁，他沿途发表演说，宣传国民党的政见，抨击袁世凯政府。袁世凯深感威胁，决心除掉宋教仁。1913 年 3 月 20 日，宋教仁在上海车站遇刺身亡。案件的真相很快水落石出，幕后指使者正是袁世凯。许多革命党人从对袁世凯的幻想中清醒过来，孙中山、黄兴、李烈钧等立即开始组织发动反对袁世凯的"二次革命"。但这时的革命队伍早已涣散无力，"二次革命"遭到袁世凯的武力镇压，仅仅支撑 2 个月就失败了。袁世凯下令取缔国民党，并取消民党议员的资格。他强令国会选举自己为正式大总统，就任之后又解散国会，建立起专制独裁统治。

得陇望蜀的袁世凯还想进一步登上皇帝宝座，开历史的倒车。1914 年 8 月，第一次世界大战爆发，日本借口对德国宣战，夺取了德国在山东的利益。接着，日本趁列强陷于欧战，向袁世凯提出了企图灭亡中国的"二十一条"。袁世凯为了换取日本对他称帝的支持，竟然打算接受除第五条之外的全部要求。

在其党羽的"推戴"下，袁世凯顶着"中华帝国皇帝"的称号，改 1916 年为洪宪元年，上演了复辟帝制的丑剧。他的称帝，遭到了全国人民的反对。梁启超

张勋率领的"辫子军"抵达北京正阳门火车站

拒绝袁世凯的巨资收买，发表了《异哉所谓国体问题者》，旗帜鲜明地反对复辟帝制。蔡锷、李烈钧、唐继尧在云南组织护国军，发动了讨伐袁世凯的护国战争。护国军进展迅速，在它的推动下，广西、广东、浙江、陕西、四川、湖南相继独立。袁世凯的北洋军部下也不赞成他称帝，北洋军事集团开始离心离德。这时，帝国主义的态度也发生了变化，表示不承认洪宪政府。袁世凯在四面楚歌中被迫宣布取消帝制，83天的皇帝梦刚成即破。6月6日，袁世凯在全国人民的唾骂声中死去。

袁世凯死后，副总统黎元洪就任大总统，但实权掌握在北洋军将领段祺瑞手中。围绕中国是否参加第一次世界大战的问题，在日本支持下，段祺瑞挑起了与黎元洪的"府院之争"。"辫子军"将领张勋借带兵进北京"调停"之机，拥立已退位的清朝末代皇帝溥仪，再次上演起复辟丑剧。一时间，北京城里三角龙旗翻飞，清朝遗老遗少粉墨登场，遍地乌烟瘴气。段祺瑞借机率军攻入北京，赶跑张勋，博得了"再造共和"的美誉。段祺瑞控制北

历史掌故

府院之争

　　府，是指总统府；院，是指国务院。袁世凯死后，集各种"阴差阳错"于一身才当上副总统的黎元洪成为"众望所归"的总统人选。但他一无兵权，二无人脉，三无势力背景，袁世凯当年的得力干将、现今的国务总理段祺瑞尤其不把他放在眼里，只希望将他作为一个"傀儡总统""盖章机器"，处处以《临时约法》规定的"责任内阁制"为托词，不让黎元洪干预政事。黎元洪很不甘心，加之一些政治派系为了自己的利益站到黎元洪一边为其摇旗呐喊，两人的矛盾迅速升级，很快演变成府院之争。当时，两派议员经常不顾身份，进行人身攻击，甚至打架斗殴。流血事件时有发生。国会议员们为了利益，勾结军人进行钱权交易，更是屡见不鲜。

京后，拒绝恢复国会和《临时约法》。此后，段祺瑞不惜出卖国家利益，向日本大肆借款，成立"参战军"，建立起皖系军阀的统治。

　　为维护民主共和制度，孙中山于 1917 年南下广东，建立起护法军政府，号召国人拥护临时约法，恢复国会。段祺瑞则依靠日本的支持，推行"武力统一"政策，命令曹锟、吴佩孚率军进攻南方护法军政府。不过，在北洋军事集团内，以冯国璋、曹锟、吴佩孚为首的直系军阀与以段祺瑞为首的皖系军阀存在矛盾。在对南方的战争中，直系军队在湖南获得了很大胜利，但段祺瑞却任命其亲信张敬尧为湖南督军，引起曹锟、吴佩孚的极大不满。在前线的吴佩孚当即与南方停战，回师北上。1920 年，在直皖战争中，皖系失败，直系军阀与入关支援的奉系军阀共同掌握了北京政权。

此后，以曹锟、吴佩孚为首的直系军阀和以张作霖为首的奉系军阀又接连发生战争。第一次直奉战争中，直系胜利，单独控制了北京。然而好景不长，在两年后的第二次直奉战争中，奉系获得胜利，奉系军阀控制了北京政府和北方大部分地区。失败的吴佩孚聚集直系残部，在湖北、湖南一带建立起割据政权。直系的另一支孙传芳部则占据了东南部的上海、江苏、浙江、福建、江西等省。北方形成了三大军阀割据的局面。

南方的军阀也在混战不已。孙中山依靠南方军阀进行北伐的努力归于失败了，他认识到南北军阀乃一丘之貌。于是，他回到上海著书立说，继续探索革命的道路。
中国则陷入大小军阀连年混战的局面，广大人民依然挣
扎于水深火热之中。辛亥革命换来的民主共和，变成了
风雨飘摇之中的一块招牌。